多元化理念下的大学英语教学研究

夏金玲　廖　欢　著

全国百佳图书出版单位
吉林出版集团股份有限公司

图书在版编目(CIP)数据

多元化理念下的大学英语教学研究/夏金玲,廖欢
著.--长春：吉林出版集团股份有限公司,2024.7.
ISBN 978-7-5731-5394-4

Ⅰ.H319.3

中国国家版本馆 CIP 数据核字第 2024N46Q83 号

多元化理念下的大学英语教学研究

DUOYUANHUA LINIAN XIA DE DAXUE YINGYU JIAOXUE YANJIU

著　　者:夏金玲　廖　欢
责任编辑:沈丽娟
技术编辑:王会莲
封面设计:豫燕川
开　　本:787mm×1092mm　　1/16
字　　数:198 千字
印　　张:10.75
版　　次:2024 年 7 月第 1 版
印　　次:2024 年 7 月第 1 次印刷

出　　版:吉林出版集团股份有限公司
发　　行:吉林出版集团外语教育有限公司
地　　址:长春市福祉大路 5788 号龙腾国际大厦 B 座 7 层
电　　话:总编办:0431—81629929
印　　刷:吉林省创美堂印刷有限公司

ISBN 978-7-5731-5394-4　　　　定价:65.00 元

前　言

　　随着经济全球化的持续发展以及我国对外开放的不断深入,我国与世界其他国家的交流与合作越来越频繁,社会急需一批高水平、高能力、高素质的英语人才,这就对大学英语教学提出了许多新的要求。

　　大学英语是一门在高校广泛开设的公共基础课,在具体授课过程中不仅注重培养学生英语语言基本技能,还关注学生跨文化交际能力的培养与提高,是帮助学生提高综合素质的重要课程之一,其重要性不言而喻。为肩负起新时代赋予大学英语教学的使命,大学英语教学需与时俱进,遵循兼容教学要素、以学生为主体、关注学生学习过程等原则,从提升英语教师综合素养、采用混合式教学模式、丰富教学内容、人工智能赋能教学评价等维度入手构建全新英语教学体系,提高英语教学质量,满足新时代大学生的发展需求。

　　本书整体架构清晰,逻辑顺畅,条理分明,语言朴实而严谨,符合读者的阅读习惯。笔者在撰写本书的过程中,参考了很多专家与学者的研究成果,在此对他们表示衷心的感谢。随着现代教育技术的快速发展,新的教学方法与思想不断涌现,因此,书中难免会存在疏漏和不当之处,敬请读者提出宝贵意见。

目 录

第一章 大学英语教学简析

第一节 英语教学的属性与多维内涵

一、英语教学的属性

(一)英语教学的语言属性

英语是一种语言,对它进行教学就是一种语言教学,这其实就是揭示了英语教学的本质属性。[①] 所有的语言教学活动都有一个明显的目的,就是要培养与提高学生的语言应用能力,英语教学也不例外,它既向学生传递英语基础理论知识,也培养其英语语言技能。在中国,英语一直以来都贯穿在基础教育与高等教育的始终,学校、家长与学生都特别重视英语,尤其在应试教育占上风的中国教育界,英语的地位在未来相当长的时间内还是无法为其他语言所撼动的。中国学生到了大学阶段也要学习英语,只不过对于大多数的学生来说,英语只是一门选修课,这让不少学生对英语的学习掉以轻心,导致许多学生的英语应用能力一直都没有提高。

(二)英语教学的文化属性

从文化、语言诞生之初,二者就具有极为密切的关系,文化是语言产生的土壤,而语言也能将不同时期的文化特征反映出来。所以从这里可以看出,英语教学并不是一种简单的语言教学,它必然涉及文化部分的内容,这给英语教师提出了高要求,在教学过程中,教师要注意向学生传递

[①] 段茂超.大学英语教学创新与实践研究[M].长春:吉林出版集团股份有限公司,2021.

文化方面的内容,注意培养学生的文化思维以及跨文化交际能力。

二、英语教学的多维内涵

(一)英语教学的基本内涵

在中国,英语教学是一种非常普遍的教学活动,只要中国教育体系不发生大的变革,英语教学就会一直在中国语言教育界占据统治地位。认识英语教学,可以从教学参与者——教师与学生两个层面来看,从教师的层面上来看,教师的角色是引导者,英语教学是通过一定的教学手段对学生进行英语教育的活动,而从学生的层面上来看,英语教学是学生所进行的英语学习活动。任何一种教学活动,也包括英语教学活动,都具有一定的互动性,存在教师与学生,学生与学生之间的互动,不过最主要的互动还是存在于教师与学生之间。

通过简要的分析,对英语教学的基本内涵进行解读,可以从以下几方面着手。

第一,英语教学从实施之初到结束都充斥着目的性,且根据不同学期、不同单元的目标,其所生成的目的性也不同,因此可以说,英语教学目标也并不具备唯一性,它也需要根据英语教学的实际情况确定。

第二,英语教学是一个复杂的系统,为了确保系统的平稳,高效运转,需要在实施之前进行规划,这就让英语教学具有了计划性,系统的计划可以由教育行政机构制定,也可以由学校与教师考虑自己学校的实际情况制定。

第三,英语教学内容丰富,大家熟悉的词汇,语法,写作等知识是最基础的理论知识,除此之外,因为它主要的目的就是要培养学生的语言应用能力,因此,它还包括培养学生的英语应用技能。对于教学的实施而言,内容只是前提与基础,它还需要教学方法的支持,自英语教学开始之初到现在,已经形成了多种多样的英语教学方法,尤其在信息社会,英语教学方法更是获得了从未有过的大发展。

(二)英语教学的人文内涵

从根本上来说,英语教学绝对不是简单的语言教学,英语语言背后的文化也应是其内容的一部分。

文化与语言关系密切,要认识语言,当然要了解文化,而要实施语言教学,也需要清楚与之相关的文化教学部分。由此可知,现代英语教学也不应固守传统英语教学的"监牢",而是应该摆脱束缚,既培养学生的语言应用能力,也培养学生的人文素养,也就是说,要将学生培养成全面的英语人才。

从人文角度认识英语教学,其范围比较宽泛,不仅包括大家熟悉的英语语言国家的发展史、风俗习惯等,而且还包括其特色的民族文化,可以说,英语教学的人文内涵特别丰富,涵盖范围极广,它是说英语的民族长期以来形成的文化精粹。所以,在英语教学中传播英语国家的文化是可行的、必要的,这要求教师在教学实践中要树立并贯彻以学生为本的思想,在开展基础理论知识讲解活动的同时,对英语文化知识做全面分析,这对于学生的英语学习大有帮助。

根据人文主义教育的理论可以知道,教育的最终目标是要实现人性的完美,而对于英语教学来说,它也要以这一目标为终极目标,这就要求英语教师在英语教学过程中对学生进行人文主义教育,而充斥在英语语言背后的文化就是人文主义教育的重要资源。基于此,英语教师更要注意在教学过程向学生进行文化渗透,通过这一举措,培养学生优秀的品格与人文素质。

(三)英语教学的通识教育内涵

通识教育与英语教学存在的一个共性就是它们都属于高等教育。对于通识教育,英国教育家纽曼曾经这样说过:"通识教育最主要的目的就是打开人的心灵,并且用一切手段去净化它,让它可以将人们获得的知识消化,使用。一般来说,通识教育具有灵活性,应用性的特征,它不仅能让人拥有聪明才智,而且还能让人拥有良好的口才。"对纽曼的话进行仔细分析可以发现通识教育的理念,它注重人的全面发展,认为受教育者可以利用学习这一手段将自身的潜能有效挖掘出来,这样其价值就能体现出来,最重要的是,其不仅身心,智力可以获得不错的发展,而且思想品格也能获得发展,受教育者的全方位发展也就实现了。

从不同的视角探究通识教育,可以发现其多面性。从性质层面上来看,也能确立通识教育的地位,同时教育是所有学生都应该接受的一种非专业方向的教育活动;从内容层面上来看,这种教育形式所蕴含的知识与技能不仅具有广泛性、专业性,而且还具备非功利性,同时,其所涵盖的范围非常广,将大家所熟悉的社会科学,人文科学以及自然科学等所有内容几乎都包含其中;从目的层面上来看,通识教育培养的是能够积极参与社会、具有较高的社会责任感的优秀人才。

"通识教育"四个字的精髓在于"通",在这里,"通"的意思就是融会贯通,就是说所有的学科之间都可以相互贯通,当进行一个学科的学习时,学生可以从其他学科中找到学习的思路,也可以从其他学科中搜集资料,更重要的是,学生与不同学科背景的人交流可以让其感受不同的学科文化,充实自己的学科体系。

此外,还可以从教育生态学的角度认识英语教学,可以将英语教学体系看作是一个处于运动中的生态系统,教师、学生以及周围的环境都是该系统的组成要素,其中,需要特别说明的是,环境主要由三部分构成,分别为社会环境、自然环境与规范环境。

教师、学生以及其周围的三种环境共同构成了英语教学生态系统,在这个系统中,不同的要素在各自发挥作用的同时,也会相互影响。英语教学生态系统蕴含着非常丰富的通识教育的内涵,它将语言基础课程作为系统的核心,认为教师在教学过程中首先要关注的是英语教学基础内容。

通过对英语生态教学系统进行分析,可以发现,英语教学是通识教育人才培养模式体系中非常重要的组成部分之一,通过英语教学,学生学习到了丰富的英语知识与技能,且自主学习能力也能有所提升。

第二节　英语教学的对象

一、教育对象——学生

主体性教育是根据社会和现代教育发展的需要,以启发和引导受教育者内在教育为主要需求目标,培养学生成为独立自主、自觉能动、积极创造地参与实践活动的社会主体。在整个教学活动中,学生是特定的认识主体和信息交换的主体。在教育活动中,学生的主体性发挥对教育活动的成效起重要作用。

(一)学生的特殊性

学生是一个特定的社会群体,既是社会存在的重要组成部分,同时又有着不同于其他社会群体的特殊性。[①]

1.学生是人

第一,学生具有素质全面发展,成为完整的人的可能。学生的特殊性表现在其是处在不断地接受他人教育的群体。无论是处在人生的哪一阶段,一旦成为学生——成为受教育对象,那么在家庭、学校和社会当中,需要不断地吸收各种有用的知识,使自己不断地成长,不仅有生理层面的成长,还有心理层面的提高。只有这样才能使学生的素质得到全面的发展,最终成为完整的人。

第二,学生都是有"目的"的。学生都有其需求的东西。"学",是指要学习的东西,学生学习知识都是有目的的,主要包括生存、学识、爱好等。在不同的年龄阶段,学生的目的也各不相同,但是唯一不变的是学生的学习都是有其存在的合理意义的,所进行的教学活动都是有章可循的。同时,学生是有情感的、有需要的,为了满足这些情感和需要,他们必须进行学习。

2.学生是发展中的人——学生的本质特征

在科技日益发展的今天,"学生"的范围也在不断扩大,现在的学生不再局限地用年龄来计算,很多成年人为了自身更好地发展重新返回校园接受再教育。尽管如此,对于学生的发展依旧有下列特点。

第一,作为未定型的人,具有发展的空间和潜能。现如今传统意义上的学生都是指在校的未成年人,在学习中有足够的空间去选择,在发展的程度上有足够的深度去挖掘。也正是因为这种未定型,才会为国家、为社

---

① 熊文熙,范俊玲,肖玲.大学英语教学与跨文化交际能力培养研究[M].北京:华文出版社,2021.

会培养多样化的人才。

第二,作为未社会化的人,具有发展的必要。学生大都在校园里生活,在学习中有必要对其进行正确的引导,从而使学生能够在离开校园踏上社会后有足够的能力应对各种问题,谋划自己的道路。

(二)学生的主体性

主体性是人的最本质的属性,发展人就是要发展人的最本质的属性。教育的基本功能就是促进人的全面发展,从这个层面上来说,教育的根本目的就是发展和培养学生的主体性。

学生是教育活动的主体,但关于学生的主体性特征却存在着若干不同观点:有的观点认为,学生主体性并不是主体各种特性的简单相加,而是它们发展到一定阶段的产物,是学生在对象性活动中表现出来的本质特征,这些特征是能动性、社会性、自主性、创造性;有的观点认为,主体性指的是作为认识主体在处理外部世界关系时的功能表现。教学认识的主体性,一方面表现在对外部信息的能动的选择上,表现出自觉性、选择性;另一方面也表现在对外部信息的内部加工上,受学生原有认知结构、经验、思维方法、情感、意志、性格等的制约,表现出独立性、创造性。有的学者提出,人之为主体的主体性是由人的现实性、有效性、能动性、创造性和自主性构成的。还有的提出主体性的特征是整体性、自主性、能动性、创造性、独特性和发展性等。这些研究都有自身存在的特点,对于我们拓展思路、促进学生主体性问题的思考有重要意义。

(三)如何进行学生的主体性教育

1. 主体性教育的特征

主体性教育作为一种新的教育思想,它继承和超越了传统教育思想,既保留了传统教育的那些反映规律性的共同特征,又有自己个性鲜明的独特特征。

(1)科学性

教育的作用就是根据学生学习的客观规律,通过牵引作用引导学生积极思考和独立活动,从侧面将人类的认识成果转化为学生的知识财富、智力和才能,而不单单是灌输给学生思想观点,这样才能使学生具有合理的知识、智力和方法结构。

（2）民主性

民主平等的人际关系是指在师生关系中营造出的一种活泼生动、和谐的教育氛围，这是学生主体性发展的基本条件和前提。教育的民主性主要体现在两个方面：一是把教育变成一种民主的生活方式，提高学生的地位，使学生在学习活动中发挥主体性，让学生可以生动活泼、自由地发展；二是要实现教育内容的民主意识和学生民主思想、民主精神与能力相结合，让学生在学习中逐渐培养民主观念，以民主化的教育培养一代富有主体性的新人。

（3）活动性

学生主体性的发展是以活动为中介的，学生只有投身于各种活动之中，其主体性才能得到良好的发展。学生在活动中形成并发展主体性，也就是说，活动是影响学生主体性发展的决定性因素。

2. 主体性教育的原则

教育学生可以说是教育的出发点。从本质上讲，主体性教育是以培养和发展学生的主体性为目的的一种社会实践活动，这一点也决定了其教育定位是以育人为本，尊重学生的个性，把促进他们的主体性发展置于核心地位，充分调动他们的自主性、能动性和创造性，同时促进学生主体性的全面、和谐发展。

（1）学生主体原则

活动是发展主体性的基础，是主体性的存在形式，主体性只是在活动中并且通过活动表现出来。在教育活动中，应该讲求学生的主体能动性的发挥，就是要求教育重视学生的自主活动，并为学生充分展示其才能创设机会和条件。只有这样才能使学生在教育活动中充分发展自己，为自己的主体性发挥积累经验，以获得生动、活泼、主动的发展。

（2）多样化原则

多样化是指教育过程中课程设置的多样化。在教育活动中，学生的知识和经验多数是以课程活动的形式获得的。传统的课程设置使学生的受教育形式受到很大的束缚。因而，为了更好地促进学生的个性全面、和谐地发展,我们要对课程类型进行多样化设计,使学科课程与活动课程有机匹配,协调互补。同时根据实际情况设计各地方课程,因地制宜、一纲多本,最大限度促进学生的主体性发挥。

3.如何推动学生主体性教育

(1)转变教师的教学观念,突出学生在课堂活动中的主体地位

教师的正确引导对学生主体性的发挥有至关重要的作用。教师必须正确认识、认同学生在课堂学习中的主体地位,把学生看作课堂的主人,在学习过程中通过启发、点拨、设疑、解惑等方式,引导全体学生参与学习的全过程。在培养学生的主体性学习方面教师应做到:凡是学生能独立解决的决不代替,凡是学生能独立发现的决不提示,凡是学生力所能及的,都由学生自己凭能力解决,以此发挥和发展学生的学习主体性,使学生的智力、创造力在自主参与学习的过程中得到发展和提高。[①]

(2)创设学生自主学习的课堂氛围

在传统教学课堂中,教师的权威地位神圣不可侵犯,在这种传统的教学环境中,学生的自尊心极易受到伤害,其个性和创造性也容易遭到扼杀。因此倡导师生平等的和谐课堂气氛,有利于真正地实现教学民主和民主课堂,是培养学生主体性的重要客观条件。在课堂教学中,教师要积极地引导学生思考,鼓励学生发表自己的见解,通过师生间的民主讨论获得新知识、新观点。教师要摒弃"满堂灌"的传统教学模式,给学生独立的思考时间和空间,充分调动学生的主体能动性。同时,教师对不同水平的学生要一视同仁,同时还要学会"因人而异",对待学困生,要学会针对其不足提出相应的学习建议,多一份关爱。还要鼓励学生之间平等互助,帮扶学习。使师生关系和谐,生生关系和睦,学生更积极主动地参与学习。

(四)为学生主动参与教学活动提供机会

1.设置认知冲突是提高学生课堂参与度的重要环节

学生的参与欲望是一个十分重要的因素,教师应正确运用这一因素,在教学活动中引导学生参与课堂活动。同时要发现学生的认知冲突是学

---

① 孙婕.高校英语教学理论及实务研究[M].长春:吉林人民出版社,2022.

生学习动机的源泉,它能为学生的学习欲望提供不竭动力,推动学生积极参与思维学习。所以,教师在教学中要不断设置认知冲突,激发学生的参与欲望。

2.运用实验探究法充分发挥学生的主体作用

在实验探究教学中,教师要明确学生原有知识基础是什么,对预期学习目标有明确认识,充分发挥自己的想象力进行方案设计,通过实验检验,使学生建立初步定位。同时,对学生在实验中的不同现象和问题,教师应主动设计问题分析环境,让学生参与到问题分析、解决和讨论中,将传统的教师讲解学习方式转向互助合作,通过合作的形式调动学生主动地参与学习。

二、学习对象与学习对象反思

(一)学习对象的含义

许多学者认为,学习对象是带有教学目的的数字化信息单位。学习对象蕴含的原理主要是搭建"积木"方法。每一个学习对象都可以与其他学习对象进行重组,这和乐高积木的搭建有些相似,因此被称为"乐高法"。威利对学习对象和乐高法的属性做了三项类比:其一,不同尺寸、颜色和形状的乐高积木之间可以重组;其二,乐高积木能够以任何所需的方式重组;其三,重组乐高积木非常简单,因此,任何人都可以搭建出新花样来。这个比喻说明学习对象具有灵活便利地创建新结构的潜能。但是,这是一个被威利过分简化的隐喻,稍后我们将会对此给出进一步解释。

学习对象的外部结构必须按标准化要求来设置,这样才能称为真正的学习对象积木块,达到理想的互操作性和可移植性。[①]"学习技术标准"旨在以统一的方式确保学习对象的开发、组织和分布。为了开发学习技术标准,出现了许多不同的组织和方案,包括:①官方标准组织;②类似于航空业 CBT 委员会(AICC)和 IEEE,它们是开发学习对象元数据标准的学习技术标准委员会的用户组织;③政府资助的方案,如高级分布式学

---

① 杨玲.英语教学方法改革研究——以学生主动性培养为视角[M].北京:中国原子能出版社,2019.

习计划；④供应商、出版商和教育组织财团，如 IMS 全球学习协会和都柏林核心元数据计划等，被这些不同的组织和方案所开发和提议的标准，实际上并没有被真正认可过，一些具体的要求或者规格还在不断细化和改进中。

值得注意的是，目前的标准研发已经把重点都集中在学习"内容"上了，特别是在以下三个方面：第一，规定了不同的学习对象的联结结构，即学习对象是如何组合或重组的；第二，规定了学习对象和数字化学习系统的传播结构，即内容管理系统或传递系统是如何使用学习对象的；第三，规定了学习对象的元数据字段，即学习对象是如何被具有标签意义的"标签"标识的。教育问题很难做到在结构、传播和元数据处理方式等方面都实现标准化，通常是因为要求建立的标准做到"教育中立"。然而，即使是中立途径，也应该以保证用互操作性和可移植性的方式来提供实施各种各样教学方法的机会。首次尝试提供各式各样教学方法的机会，是通过"教育建模语言"来描述学习对象的通用教学结构，这为"IMS 全球学习协会"的教学设计人员提供了输入方式。然而，IMS－LD 依然保持着教育中立，它以标准化的方式提供实施教学方法的各种可能性。因此，学习对象主要是以灵活的方式，通过技术构造积木块来创建更大的结构，当然还涉及了能使得学习对象组合或重组的技术结构的界定和标准化问题，对非专业人员来说，其实很难确定学习内容标准化的程度是否恰当。

(二)教育的研究对象是人

在《教育之基本原理》中，著名心理学家兼教育家桑代克指出："教育学研究人类各个人及其全部世界的相互作用，教育学必须研究人类本身及世界的任何方面的改变，因为教育学须能供给有效的意见，使人们知道改变人们本性以适应新的环境的可能性与合理性。"

教育的三个基本要素中就包括教育者与受教育者，这两个都涉及人，教育属于一种高级的社会活动，是只有人才能实行和参与的，这就决定了教育学研究的对象中必然有人这一要素。但研究对象中包括"人"这一要素的学科同样有很多，使教育学无法真正区分于其他学科，这也会使教育学独立的学科地位受到影响。

(三)教育的研究对象是教育现象

教师在对大量相关文献资料研读的基础上,发现将教育学的研究对象确定为"教育现象"曾是一个主流的趋势,居于主导地位。《辞海·教育心理分册》对教育学的定义就是:"教育学是研究教育现象,解释教育规律的学科。"金一鸣在《教育原理》一书中将教育学的研究对象定义为教育现象,把教育学的研究任务定义为把握教育的规律,其目的是指导教育实践。刘伟芳老师在对教育研究对象做出大量历史性考察研究的基础上,提出"能够被反映为有价值的教育一般问题的教育现象乃是教育学(或更确切地称为教育学原理)的研究对象"。

然而,将教育学的研究对象定义为"教育现象"显得过于笼统,人们往往无法真正了解究竟什么才是教育现象。从方法论的角度来看,将教育学的研究对象归结为"教育现象"无不妥之处。但如今学者们有关教育现象的理解和定义还远不够细致和规范,对其的研究程度也不够深入,若教育学将其作为研究对象,便很难在此基础上构建科学的理论体系。此外,教育学的研究对象也并非能把所有的教育现象都囊括在内,教育现象属于客观存在,它本质上是一种社会现象,而人们在教育实践中还没有意识到它的存在时,我们很难将其定义为教育现象。即使意识到教育现象的存在,研究者对其没有研究兴趣,它也不可能成为教育学的研究对象。

(四)教育的研究对象是教育问题

学者村井实在《教育学的理论问题》一书中,曾对教育学的对象进行了较全面和系统的分析,得出了教育学的研究对象是"教育问题"的结论。在将"教育现象"作为研究对象产生了各种问题之后,国内学者也开始将教育学的研究对象转移到"教育问题"上来。如陈桂生在《教育研究对象辩》中说道:"如果要对'教育学的研究对象'问题有一个一般的回答,还是以采用'教育问题'的表述最为恰当。"所以,将"教育问题"设为教育学的研究对象,是在"教育现象"观点基础上的又一次发展。杜时忠先生认为:"教育问题才是教育学的研究对象。理由是科学研究并不始于现象、事实或存在,而是始于问题。"

把教育问题作为教育研究对象的学者认为,教育学要研究教育的基本问题,即最一般的问题,这些问题可以分为七个方面:什么是教育(教育本质)、为什么教育(教育目的)、谁来教育(教育者)、教育谁(受教育者)、教育内容、用什么方法教育(教育方法)、用什么形式来教育(教育组织形式)。这七个基本问题也就构成了教育。但这种观点只是简单地将教育的七个基本构成要素罗列了出来,并没有表现或继续探讨它们之间的关系,没有相关联系的孤立要素是根本不存在的。所以,从思维方法上来看,将教育学的研究对象确立为"教育问题"还停留于对象性思维上,只是把复杂的教育现象分割成单一的构成元素,将这些构成要素简单相加得出了教育学的研究对象。除此以外,关于"问题"的定义也是多重的,这也容易导致歧义。所以,将"教育问题"作为研究对象,其表述还不够全面、清晰,容易引起争议。

(五)教育的研究对象是教育事实

在教育学史上,教育学的研究对象还曾定义为"教育事实",产生于"描述教育学"派,实证主义学派就曾主张该观点。如菲舍尔采取实证与现象学方法,从客观的角度对教育事实加以研究和说明,尝试在经验的基础上确立严谨而科学的教育学体系。洛赫纳在《德国的教育科学》一书中进一步发展了描述性教育学思想,舍弃了其中规范性的成分,而发展纯认识的价值中立的教育科学。他指出,只有对教育事实做了纯真而充分的描述,才能准确把握"教育是什么"。

从上述观点中不难发现,将"教育事实"作为教育学的研究对象在一定程度上促使教育学朝着更科学的方向发展,但如此一来并不能全面地反映教育体系,在实际的教育活动中,所涉及的问题不仅是事实方面的,还包括价值、规范类等层面的问题。在教育实践中不可能做到绝对的情感中立,因此在研究方法上也就不能只依靠描述和实证实验的量的研究,还需定性的、质的研究。

三、对英语教学对象的反思

在对上述教育研究对象的各种代表性观点研究的基础上,在当今社会若要探讨什么才是教育学的研究对象,首要任务是确定在什么意义层面上讲教育学。随着社会的发展,科技的进步,社会学、心理学等经验学科逐渐产生并发展,它们都在以自己学科独有的视角与研究方法来审视教育学,教育学不再是赫尔巴特式的近代意义上的"大"教育,而是日渐分化成一门具有庞大分支学科的学科群。有关教育知识的学科经历了由一门教育学到多门教育学科的发展过程,教育学发展到了教育学科群的高度。

20世纪60年代,终身教育思想提出并逐渐变成了现实,"大"教育学所揭示的一般原理、基本观念和工作原理就不再反映事实指导实践。如此来说,近代意义上的教育学已经终结,存在的只是"教育原理"意义上的"教育学"。[①] 而在这种情况下考虑教育学的研究对象,就需要重新界定教育研究对象的前提,因此,对教育研究对象的探讨还应在上述五种观点的基础上进一步延伸与综合。

---

① 曲巍巍.英语思维与教学研究[M].北京:北京理工大学出版社,2016.

第二章　多元化理念下的大学英语教学设计

第一节　大学英语教学策略设计优化及实践分析

一、教学组织策略

(一)英语知识组织策略

人的语言交际能力包括语言能力和运用语言的能力:语言能力是指学习者对语言知识(即语音、语词、语法、文化知识等)的掌握;语言运用能力是指学习者具备的以听说读写等形式运用语言、实现特定的语用目的的能力。倘若学习者没有掌握语言知识,就不可能具备运用语言的能力。① 语言知识和语言运用的能力相结合才是语言学习应达到的目标,因为它们就像一个硬币的两个面,是构成语言交际能力不可分割的两个组成部分。因而,促使学习者掌握一定的语言知识和具备听说读写语言交际能力是英语教学的目的。

1.语音知识组织策略

语音是我们运用语言进行口头交际赖以传递信息的媒介,可以说,语音是语言的外壳,是整个语言学习的重要基础;学习者的语音水平对于其听、说、读、写、译各项技能的发展都起到直接或间接的制约作用。因此,

---

① 范燕丽.英语教学设计基础与教学策略研究[M].长春:吉林出版集团股份有限公司,2022.

语音教学是英语教学过程中的一个至关重要的环节,在相当程度上决定了学习者在英语学习方面的发展。

2.语词知识组织策略

语词是语言的基本要素,是组成句子的基本单位。语词包括音、形、义三个结构要素,学习和掌握语词的音、形、义三个要素并在交际活动中灵活运用语词的过程,是一个复杂的心理认知过程。语词教学包括意义、用法、使用策略等方面的内容,教师应根据词的不同特点、学习者在学习时的认知规律、学习者已有的知识、经验和个性心理特点等,采用各种不同方式,揭示语词的本质特征。

语词知识教学应当遵循的组织策略主要有以下六个方面。

(1)选择恰当的语词

一般来说,所选择的语词应是出现频率较高,或者常常造成学习中的困难、具有一定的代表性的语词。这样,通过一部分单词的学习可以使其他单词的学习变得轻松。

(2)合理确定语词学习目标

一个成年的非语言文字工作者掌握的本族语的语词中,一般只有 1/5 是能熟练运用的语词,4/5 是理解性的语词。一般的外语学习者所能熟练运用的外语语词也只是其总语词量的 1/3,其他 2/3 是理解性的语词。

所以,我们在语词教学中,应该根据这一比例,合理地确定语词学习的目标。这样可以大幅度提高语词教学的有效性,降低语词教学的难度,尤其是记忆单词拼写形式的难度,进而提高学生的语词运用能力。

研究表明,利用语境学习语词是语词学习的主要途径。语境可以为学习者提供目标语词的意义及其他相关信息,学习者根据语境提供的这些信息,定位目标词的词性、弄清目标词的搭配,理解含有目标词的句子与比邻句子之间的关系,从而逐步掌握目标语词。

(3)本着直观性、情景性和趣味性原则展示语词

直观性就是指利用实物或教具展示物质名词,利用动作展示动词,利用面部表情或体态动作展示表情词语等。同时,教师还应当引导学习者

通过分析阅读或听力材料,自主领悟和推理单词的用法,将语词教学与技能教学融为一体。

(4)引导学习者在具体情景下使用语词

如果学习者不能够在真实的语境下使用语词,则很难掌握单词的用法,更谈不上发展口头表达能力和笔头表达能力。因此,语词教学并非仅仅是指对语词音、形、义方面的讲解,还应包括为学习者提供具体的情景让学习者使用语词。

(5)帮助学习者了解语词所包含的文化含义

语言是文化的载体,要恰当地使用语言就必须了解相关的文化知识。因此,语词教学不能仅限于引导学习者了解语词的字面意义,必须了解单词的语用意义,同时还必须掌握单词的文化意义。

(6)利用记忆规律、学习风格帮助学习者记忆语词

对于中国学生来说,单词的词形与读音记忆是一大难点,因为英语是拼音文字,而汉语是象形文字,同时由于语言历史的原因等,英语的拼写形成了同一语音不同拼写形式的现象。

不同学习风格的学生有着不同的记忆方式,我们应该基于学习者的不同学习风格,引导他们掌握不同的记忆方法和策略。比如对于视觉型学习者,边看、边写、边拼读可能是有效的,学习词缀等构词法也是有效的,但是对于听觉学习者,可能需要边听边看,口头拼读单词才能更好地记忆语词。

3.语法知识组织策略

语法是语言能力的一部分,掌握语法知识可以帮助学习者认识语言本身的规律,从而主动、积极地学习语言。学习者掌握一定量的语法知识有助于学习者理解,甚至监控、纠正语言的输出,为准确表达提供可靠保证。[①]

语法知识教学应当遵循的组织策略主要有以下四个方面。

---

① 郭炜峰,董奕机.英语教学与文化传播[M].广州:世界图书出版广东有限公司,2020.

（1）注重语法教学的系统性

语法是语言系统规律的体现，语法教学也必须符合系统性。系统性原则要求语法教学依据教材中的语法系统，同时也要符合语法发展的规律，即语法知识的选择应符合现代交际的原则，满足交际的需求，避免出现交际中较少使用、为语法而语法的教学设计。

（2）贯彻语法教学的交际性

基础教育的语法教学应当遵循交际性原则，即在必要的意识提升活动和语法操练的基础上，教师为学习者尽可能地创设交际性语言环境。例如，运用实物、图片、动作、表演、录像等手段，创建包含运用语法规则的具体情景。教师也可以利用学习者已经掌握的词语、短句来突出语法的交际本质，来创建真实、半真实的交际活动，引导学习者感知、理解和学习语言。

（3）注重语法教学方法的多样性

语法教学应注重活动的多样性、话题的多样性、课堂组织的多样性、评价方法的多样性以及教师指令的变化性等。例如，归纳法与演绎法相结合，归纳法更有利于鼓励学习者积极探索，以发现规则，满足求知的欲望，形成学习的内在动机；隐性语法教学与显性语法教学相结合，以隐性教学为主，适当采用显性教学，通过隐性教学培养学习者的语言使用能力，通过显性教学增强语法意识；语法教学与听说读写活动相结合，语法应服务于听说读写各项技能，语法教学应该在听说读写的活动中培养，以实现服务于交际的目的。

（4）激发学习者的语法学习动机

学习动机是开展一切学习活动的保证。为了激发学习者的语法学习动机，语法教学中要注意选择恰当的语法内容，尽可能创设真实的语境，以适合学习者的年龄、认知能力与语言水平，同时贴近学习者的生活经历。

4.文化知识组织策略

语言与文化是密不可分的，语言的学习不可能离开文化。在一定程度上看，外语教学就是文化教学。文化知识教学应当遵循的组织策略主要有以下四个方面。

(1)系统地组织文化知识教学活动

在外语教学中系统地添加一些文化内容,如在教材中专门设立文化专栏,举办文化讲座、组织文化欣赏活动等,可促使学习者系统地掌握所学外语国家的基础文化知识。

(2)将文化知识目标和态度目标、能力目标等融入外语教学

在外语教学中将文化知识目标、态度目标、能力目标等融入其中,如采取文化会话、文化合作、文化表演、文化交流等方式进行外语课堂教学,引导学习者在语言学习过程中接受文化教育。

(3)通过师生活动感知文化差异

在外语教学中,教师与学习者作为不同文化表现者参与文化互动活动,如师生相互讨论某一文化现象,通过文化疑惑解析、文化冲突化解、文化专题研究等方法,引导学习者感知文化之间的差异,形成开放、平等、尊重、宽容的文化态度。

(4)通过学习者直接参与文化交往获得文化知识和文化体验

学习者在外语教学中直接参与文化交往,如通过面对面的交往或网络交往等直观的方式,在潜移默化中获得文化知识,养成积极的文化态度,形成有效的文化能力。

(二)课外活动组织策略

在我国,英语学习是在汉语环境下进行的,往往缺乏真实性,而且还存在英语学习时间不足的问题。因此,课外的语言学习活动,如与英语本族语者交谈、看英文电影、看英文电视节目、阅读英文小说、用英语写电子邮件等,是实现英语教学目标的不可或缺的补充性教学活动。通过组织丰富多彩的课外活动,学习者能深刻理解所学的语言知识和技能,并自觉地将所学知识和技能加以应用,培养英语交际能力。

课外活动组织分为大型的课外活动和小型的课外活动。戏剧表演是可以定期开展的大型的课外活动之一,可用来巩固和评价所学语言知识和技能。这类具有创造性特点的课外活动非常有利于发挥学习者的主观

能动性,同时还能促进学习者之间的团结与合作。开展英语歌曲比赛、英语角、英语报刊或手抄报等带有综合性特点的实践活动也属于大型的课外活动,为学习者运用所学语言知识和技能提供了很好的机会,学习者之间相互合作,也有利于培养集体荣誉感。

开展这类大型的带有综合性特点的实践项目都应该有一个主题明确的活动方案、相应的图示和文字说明。由于开展这些活动的目的是巩固已学知识和已经形成的语言技能,因而,这类活动应定期开展,而且安排时间也要适当,通常可以安排在期中、期末进行,也可以安排在英语节、艺术节等活动期间进行。值得注意的是,此时参与者是否使用英语是对学习者的表现或作品的重要评价标准之一。

(三)教学形式组织策略

在现代教育中,教学组织一般分为三种基本形式:班级教学、小组教学和个人学习。班级教学是教师向一个班级的学生传递教学信息的教学组织形式;小组教学是教师通过组织班级内的学生形成不同的小组,传递和分享教学信息的教学组织形式;个人学习是教师指导学生个人根据学生自己的选择,接受和获得教学信息的教学组织形式。

个人学习是人类历史上最早出现,也是最本质的学习形式。在人类社会分工之前,原始人类的教学都是手口相传的形式。随着人类的社会化分工变细,教学需要强调规模效益,班级就开始出现了。在班级教学中,教师会根据不同的学习风格、学习基础等,把学生分成若干个小组进行教学。

在英语课堂教学中,我们讲解课文或说明语法内容时,通常会采用班级授课的方式;在组织任务实施时,我们通常会将学生分成小组;而对于需要记忆、背诵的内容的学习,我们自然只能依靠学生自己个人的努力去完成。

当然,我们应该根据教学需要,最大效度地使用不同的教学形式。以小组教学为例,我们应该尽可能根据教学目标,将学生分成小组。若任务需要不同能力学生的配合才能完成,我们就应该根据学生的能力水平,把不同能力的学生分在同一小组,而不是把同一能力水平的学生分在同一小组。但若任务是需要同一能力水平的学生才能完成,就自然应该据此分小组。

只有一切从学生出发、一切从学习出发,我们才能最大效度地选择恰当的组织形式。

二、教学传递策略

(一)输入策略

语言输入(input)指在语言学习过程中,学习者接触作为学习目标的语言内容的过程。语言输入是语言学习的重要条件和前提,因此,教师应特别注重研究和利用心理学的基本原理,掌握作为语言输入的语言知识与功能的展示策略,以促进学习者对语言输入相关信息的理解和应用。

以语言技能输入为例,听、说、读、写是人类使用语言开展交际活动所需要的主要技能,同时也是人类认识世界、获取知识、发展自身能力、相互交流情感的必不可少的重要途径。从英语教学角度来看,培养学习者听、说、读、写的能力是英语教学的主要目标,而且,以上各种技能必须全面发展,不可偏废。事实上,作为言语交际活动的方式,听、说、读、写各项技能相互联系、相互依存。但是,听、说、读、写各种言语活动也有它们各自的特点,教师应结合教学实践进行相应的训练活动,提高教学的针对性。

1.展示听的技能

作为人类口头交际活动的基本形式,听总是领先于说。听不仅是接收和理解声音符号信息,更是积极思考、重组语言信息,创造性地理解和吸收信息的心理语言过程,它涉及学习者的认知、情感因素,如学习者感知语音、辨别词汇、句法、句意的能力等。

2.展示说的技能

同听力一样,说的能力也是人类言语交际活动的基本形式。说话者借助已有的语言知识和规则创造性地运用语言,是大脑积极思维的过程。教师应借助一系列的教学活动实现语言规则的内在化,避免学习者从母语到英语的"心译"过程,实现直接流利地表达思想和情感。

3.展示读的技能

读是人类书面交际活动的基本方式,是通过视觉感知语言符号获取书面信息的行为,更是从视觉感知语言符号到完全理解书面材料的意义的过程,也是与语言知识、文化背景知识、个人经验等相联系的认知加工过程。时代的发展,尤其是计算机技术的广泛应用,大大促进了信息的交流,英语阅读愈加凸显出其交际活动的本质特点。

4.展示写的能力

作为人类日常交际中的一种表达性技能,写是将思想转变成语言文字符号的过程。[①] 在英语教学中,不同的学习阶段对写有不同的要求。起始阶段的写作活动是为高级阶段的交际性的写作奠定基础,促使学习者最终能够使用英语、自由地表达思想。写作既是英语教学的目的,又是英语教学的重要的表达手段。

5.任务输入策略

任务教学倡导通过教师的充分指导促进学习者积极地投入知识的心理建构,在促进新旧知识相互联系的同时,引导学习者产生主动学习的心理倾向。

(二)吸收策略

外语学习过程中语言输入与语言吸收有着本质区别。语言吸收是指学习者在接触作为学习目标的语言内容后摄入目标内容的过程。作为输入的语言,因为语速过快或呈现速度过快,或者因为难度过大,学习者不能理解全部的语言,那些无法理解的语言就不能成为学习者的吸收语言。言语是行为,因为语言行为是人类社会化的交际手段。语言也是知识,因为语言知识是人类社会行为内化的结果。具体到外语教学中,语言训练可以促使学习者掌握英语语言本身的结构和规则及相关技能。英语知识结构大体包括语言结构和语言规则两方面:语言结构指语音、词汇、句法、

---

① 杨玲.英语教学方法改革研究——以学生主动性培养为视角[M].北京:中国原子能出版社,2019.

语篇结构;语言规则指语法规则。显然,学习者掌握语言的结构和规则能完善语言使用的正确性,监控语言运用过程,修正错误;同时,也有助于学习者生成多种句式,灵活表达思想。也就是说,语言训练是促使学习者更快、更好地吸收语言的有效手段。

1. 促进吸收的语音教学活动

对于中国学生的英语语音学习,节奏常常是学习的难点。

节奏包括重音、长短、连读,其中重音起决定性作用,即节奏与句子重音和词的重音关系密切。英语中大量单词有两个以上音节,其中有的音节强而有力,被称为重音。单词重音的变化有时会引起词义的改变。

2. 促进吸收的词汇教学活动

掌握词汇的音、形、义三种结构要素是开展词汇知识教学的基本内容。

(1)音

音是词汇的物质外壳,人类在口语交际中凭借词的声音理解来表达意义。

(2)形

形是词汇的书面形式,词形是在口语的基础上产生的记录语音的书面形式符号。

(3)义

义是人类心理认识活动对一类事物进行概括的反映。词义又分为具体意义和中心意义:具体意义是指词与词所代表的客体的关系;中心意义是指词与概念的直接联系。

在语言交际中,首先要在音和代表客观世界的意义之间建立联系。词汇作为符号,是音和义的统一体。没有意义,词音和词形的结合就缺乏内容,语言交际就无从谈起。没有词音就谈不上词形,没有词形就无法使用书面语进行交际。因此,无论是口语交际还是书面语交际,必须建立音、形、义的紧密联系。首先形成词音和词义的联系;其次,形成词音、词义和词形的联系;最后,达成词音、词形和词义之间的直接联系。

语言最基本的功能就是作为人类的交际工具,语言能力具体表现为听、说、读、写四个方面的技能。英语教学只有通过社会交往活动才能培养学习者的交际能力,教师与学习者、学习者与学习者之间用英语开展交往活动是帮助学习者获得有效语言输入的主要途径。

3.促进吸收的听力教学活动

以听力技能培养为例,听的过程涉及生理学、语言学和心理学等方面因素,它既包括对语言知识的辨认,又包括对语言内容的信息加工处理。因此,听力技能覆盖了语言的不同层次,涵盖多项"微技能"。

4.促进吸收的口语教学活动

口语技能培养应遵循下列原则。

(1)从形式操练到交际性活动的循序渐进原则

语言教学中的许多口语活动是以语言形式为中心,目的是帮助学习者掌握语言的发音、词汇、句型结构等。为了培养学习者的交际能力,口语教学应更多地重视意义的表达,但这并不否认操练的必要性和重要性。从注重形式到注重意义的过渡并不一定与学习者的学习阶段完全对应,每个阶段都有不同种类的训练活动,即使学习者在语言学习初级阶段也可能进行交际活动。

(2)尽可能为学习者创造开口说英语的情景

针对有些英语学习者怯于开口讲英语的现象,教师应结合实际生活模拟情景,努力营造浓厚的语言氛围,利用积极的情感反馈,消除心理障碍,鼓励学习者积极参与课外活动,培养学习兴趣,体验成就感,获得学习英语的内在动力。

(3)正确对待口语表达的流利性和准确性

口语表达的流利性强调意义的完整表达,而准确性强调语言形式的正确使用;过于重视流利而忽视准确,很可能使语言难以理解;过于重视准确而忽视流利,则可能使意义表达缺乏连贯性。以纠错为例,过分重视流利性而很少纠错可能导致学习者形成错误的语言表达方式,在交际中影响听者的理解,影响交际的顺利进行;过分重视准确性而经常纠错可能导致学习者情绪焦虑,或对英语学习产生抵触心理。

5.促进吸收的阅读教学活动

阅读技能也是由一系列微技能组成的:

(1)识辨语音、词的特征和语法关系,以理解语言的表层意义。

(2)预测阅读内容,学习者在阅读过程中不断验证和修正自己的预测,这正是学习者(读者)与阅读材料作者之间的互动关系。

6.促进吸收的学习策略教学活动

事实上,学习策略的运用也是促进学习者语言吸收的有效手段。学习策略指能够有效实现学习目的、学习者有意识采用的学习行为及方法。培养学习者的策略意识就是指培养学习者在学习过程中的自我监控能力、自我调节能力,以提高自身的认知操作水平。具体说来,策略培养就是提高学习者对自己认知过程的思维,是大脑对信息的表征、组织、储存、提取过程的思维。根据学习者的心理过程特点,学习策略可分为元认知策略、认知策略、情感/社交策略三种:

元认知由元认知知识、元认知经验及元认知监控三部分组成。元认知知识又分为三部分:个人知识、策略知识和任务知识。元认知经验指的是学习者在学习过程中的感受;而元认知监控指的是学习者监控、管理、评估及调整学习活动的过程。也就是说,元认知学习策略指学习者利用元认知知识,结合自己的元认知经验,调控学习过程所采用的策略,例如,计划、自我管理、自我监控、自我评估等。学习者能够充分利用各种学习资源促进目的语学习,主动拓展接触目的语信息的渠道,寻求学习机会,也属于元认知策略。此外,学习者通过各种手段分析学习中的任务需求、语言需求、注意力需求、情感需求,并根据各项需求分析安排自己的学习的能力也属于元认知策略。有声思维(think-aloud)是培养学习者自我监控、自我管理意识的一种有效方式,譬如,教师引导学习者在阅读过程中说出自己对阅读信息的理解,使他们学会思考、预测和验证,形成自我监控力。

认知学习策略指学习者为了解决具体学习问题而采取的学习策略,按照语言的听说读写各项技能来说,可以分为普遍适应式学习策略、词汇策略、听力策略、阅读策略、写作策略等等。普遍适应式学习策略不受学习目的和环境的影响,适用于多种学习目的和活动,这类策略包括联想、概括、演绎/归纳、词义猜测等。

情感策略/社交策略属于非智力因素。情感策略的目的是帮助学习者在学习过程中保持良好的情绪状态,如移情,即通过换位思考等方式体验他人的情感。其他常见情感策略有析疑、合作、自我激励等。常见的社交策略有合作、求助、寻求与他人用目的语交流的机会、释义、非语言交际等。例如,教师引导学习者通过合作解决独自一人可能难以解决的问题,可以提高学习者的自信心,减少焦虑感。

(三)输出策略

如果说,语言输入是指学习者听到或阅读到的并能作为其学习目标的语言信息,那么据此类推,语言输出(output)就是指学习者产生语言成果的过程,包括语言知识的输出和语言技能的输出。

语言知识通常指语音、词汇、语法规则等方面的知识,学习者对这些知识的掌握程度关系到语言表达的准确性。正确的语音、语调不仅是口语交际的声音符号,更是交际者有效传达信息的重要手段。词汇是句子的组成成分,学习者必须掌握丰富的词汇,才能准确、恰当地表达思想。语法规则知识是学习者组织词汇、句子进行言语表达的基础。如果学习者缺乏基本的语言知识,就不能正确表达,交际的有效性也就难以保证。因此,语音、词汇、语法规则是组成语篇材料的基石,是将思想转为言语或文字的重要手段。尤其是在书面语表达中,语言知识运用要更加正式和复杂,无冗余性。

三、教学管理策略

(一)时间管理策略

课堂教学过程是一个动态的过程,教师、学习者、教学环境三者之间发生相互作用,以此促进教学目标的实现。现代课堂管理注重建立良好的课堂环境,保证良好的课堂活动秩序。同时,有效的课堂管理还应当能够保持课堂互动、促进交流,因为课堂活动从本质上说就是一种寻求师生之间、学习者之间对话的实践交流活动。课堂活动的最终目的是促进学习者的持久发展,因而课堂活动本身也具有持续发展的特点,课堂管理必须调动各种可能的因素,挖掘课堂的活力。

可见,课堂的有效管理就是在最大程度上使学习者参与学习活动,使教师有效地利用教学时间,确保高效率的教学。因此,课堂管理的一个重要目标是尽量争取更多的时间用于学习。

1.课堂时间的分类

(1)分配时间

指教师按照课程表确定的、为某一特定的学科学习确定的时间,在这里特指学习英语这门科目所设计的时间。

(2)教学时间

指教师完成常规管理以及管理任务(如考勤、处理课堂行为问题等)之后所剩余的用于教学的时间。

(3)投入时间

指学习者实际上积极投入学习或专注于学习的时间,属于教学时间,也称专注于功课的时间。

(4)学业学习时间

指学习者以高度的成功率完成学业功课的时间。

多项研究表明,学习者课堂时间分配的质量,如投入时间和学业时间,与他们的成绩呈明显的正相关。分配给教学的时间并不如学习者投入学习的时间以及完成学习的成功率那么关键,因为即使教师安排学习者参与教学活动,但如果学习者并不配合,这样的安排显然对学习成绩没什么用。可见,所谓为学习者争取更多的学习时间,实质上是指让学习者参与有价值的学习活动,从而提高单位时间的学习效率。

2.时间管理策略的应用

为了提高课堂时间的利用率,教师可采用下列时间管理策略。

(1)提高学习者参与课堂教学活动的积极性

提高课堂时间利用率的最有效途径就是教学活动要引发学习者的兴

趣,提高学习者的参与程度,教师应提供给学习者以较多的积极参与学习活动的机会,尤其要鼓励学习者形成并参与结构完善的合作学习。

(2)保持课堂活动安排的紧凑性

在上课时尽量避免打断或放慢教学进度,保持教学的良好紧凑性,是保证学习者高度参与学习活动的关键。在一个能够保持课堂活动安排的良好紧凑性的环境下,学习者总是有事可做,并不会被轻易打断。例如,如果教师突然中断上课,花上几分钟去处理一件完全可以课后处理的小事,会对学习者的参与性产生极大的干扰,这不仅会浪费学习者的时间,而且学习者过后要花费更多的时间安定情绪,将思路转回功课上来。

(3)保持课堂活动安排的流畅性

保持课堂活动安排的流畅性是指教师合理而又富有技巧性地将学习者从一项学习活动引向另外一项学习活动,而不是毫无过渡地从一个主题跳至另外一个主题。教师在课堂上如果缺乏活动安排的流畅性,如重复和复习学习者早已掌握的知识,或无端地停止讲课,思考下一个问题或准备材料,都会影响学习者对学习活动的参与程度,影响单位时间的学习效率。

(4)形成课堂活动之间的良好过渡

课堂活动之间的良好过渡指学习者从一项学习活动向另一个活动的变化,如从单词讲解到实物演示,从小组讨论到个体发言等。过渡被视为课堂管理的"缝隙",最容易发生课堂问题。因而,教师在引导学习者过渡时,应给学习者一个明确的信号,使学习者理解将要进行的活动或内容。

(5)鼓励学习者进行自我管理

如果学习者能学会很好地管理自己,就能大大提高学习时间的利用率。例如,教师通过让学习者参与课堂规则的制定,反思制定某些规则的原因以及产生不良行为的原因,引导学习者考虑他们将如何计划、监督和调节自己的学习行为,并对照规则,反思自己的行为,以补充完善已有规则。当然,鼓励和引导学习者发展自我管理的能力可能要花费额外的时间,教师也要付出更多的精力,但是,从学习者的长远发展角度看,这些努力都是值得的。

(二)纪律管理策略

纪律管理是有效教学的重要保证,课堂管理是指那些能够有效鼓励学习者参与课堂学习的话语、行为和活动,而纪律是指评判学习者行为是否适当的标准。课堂纪律是维持课堂秩序的手段,是课堂活动顺利开展的保证。课堂纪律同时还具有社会功能,具有内化道德规范、促进学习者健康成长的作用。

课堂纪律管理包括正常纪律的维持和违纪处理两个方面。维持正常纪律的目的是要建立课堂上的和谐人际关系,这主要包括师生关系和学习者之间的关系:和谐的师生关系表现为教学相长,积极健康,尊师爱生;学习者之间的和谐关系表现为学习者之间互帮互助,团结合作。形成积极的竞争关系,既有利于提高学习者的学习积极性,也有利于其潜能的充分发挥。教师要帮助学生在合作和竞争中达到一种平衡,以建立宽松的教学环境。

作为正常人,都具有自制力,能够管理、调节和控制自己的行为。如果教师过分严格地约束学习者的行为,学习者反而容易产生抵触心理。可见,纪律的维持既不是采取生硬的措施来控制学习者,也不是放任自流;既要采取必要的策略维护和谐的课堂气氛,又要给学习者一定的自由度,学习者才会与教师密切配合,共同维持好课堂教学纪律,在和谐融洽的气氛中愉快地参与教学活动。

就课堂纪律来说,预防学习者违反纪律比矫正学习者的问题行为更重要。要想保持良好的课堂秩序,教师可采取下列纪律管理策略。

1.从教师自身角度出发采取的策略

教师采取各种措施促进良好的纪律管理,比如,教师事先知道学习者的姓名;提问时按照姓名而不是座次顺序;要求学习者在教师讲话前要保持课堂安静;教师更要周密地计划好课堂活动,确保学习者在课堂活动中自始至终都有事可做;公平地对待每一个学习者;等等。

2.从学习者角度出发采取的策略

在很多情况下,教师应借助集体的作用维持课堂纪律,例如,教师可以组织小组活动,让学习者互相监督,在培养学习者良好的自我管理能力的同时,也是促进良好课堂秩序的途径,例如,课堂活动的设计应考虑到学习者的个性差异,充分利用学习者的多元智力倾向特点。此外,值日班长制度也体现了对学习者自我约束从而促成纪律策略的作用。

3.从学习任务角度出发采取的策略

学习任务的设计能够促成良好的纪律策略,比如,教师可以根据所学内容,开放设计一些游戏活动,激发学习者的学习兴趣,促进学习者的参与,自然有利于课堂纪律的维持。

4.正确处理课堂管理和教学之间的关系

课堂管理与教学具有不可分割的关系。如果教师只是将精力和时间全部投入教学活动中,一味地追求促使学习者解决问题,而忽视了课堂管理系统,后果是极其危险的,因为教会学习者有效利用和控制自己的社会行为与教学习者管理和控制认知同等重要。

事实上,即使面对学习者的问题行为,我们也不主张进行简单的批评或惩罚处理,而是要针对学习者的具体情况,进行认真细致的思想工作,选择恰当的处理时机,循循善诱,动之以情,晓之以理。针对学习者的具体情况,发现问题行为产生的根源,采取适当的措施,使学习者真正认识到自己行为的错误所在,从而决心改正课堂上的不良行为。例如,教师采用对待正常学习者一样的做法对待有情绪障碍的学习者,这显然不合适。存在情绪障碍的学习者往往表现为焦躁、冷漠、自卑、娇气、孤僻、涣散、懒惰等,教师应掌握一定的心理学理论,采用心理辅导的方式,帮助学习者正确认识和评价自我,确立自信心,培养学习者的自我调节能力,形成健康人格。

第二节　大学英语教学过程设计优化与实践分析

一、教学过程的形态与功能

(一)教学过程的形态

根据过程哲学的观点,过程是一个连续不断的阶段或形态的结构式的序列。教学过程,就是师生之间从教学启动、导入、展示、讲授、训练到评价、反馈等连续展开的结构或形态序列。

从本质上看,教学过程是师生之间的交往互动,是学生在教师以及教师所提供的学习环境引导下,通过与教师的经验互动,使自身的主体性和认知得到确证、生成和发展的过程;是学生通过与教师的主体间互动(感悟、理解和体验等),展示自我、发现自我、发展自我的过程。[①]

教学作为人的社会实践行为,其过程是执教者事先设计,然后实施的活动序列。从目的视角分析,教学过程显然是学生在教师指导下认识世界的过程,是接受前人积累的知识经验的过程;从交往视角分析,教学过程是师生之间的交往互动;从认识论来看,教学过程是学生在教师引导下形成新的知识、能力、素养的过程。

在人类悠久的教学历史中,形成了丰富的教学过程思想。从教学的中心点分析,这些教学过程思想主要表现为两种形态:以教为中心的教学过程和以学为中心的教学过程。

1. 以教为中心的教学过程

在教学中,教师为了完成知识传授任务、保证教学过程顺利开展,根据其知识、能力、素养以及教学条件等,从导入、传授、讲解、组织等环节设计教学过程,这个过程就是以教师的教为中心的教学过程。

以教为中心的教学过程要求根据教学内容的内在特征、教学内容被传授的可能方式、教师的教学风格、教学环境给教的活动提供的可能等,进行教学设计。

以教为中心的教学过程可以保证教学内容直接、高效、有序地传递,支持教学环节的顺利推进。

尽管以教为中心的教学过程也对学生的学有一定的考虑,但其中心是教,而不是学。在这样的教学过程中,当学生的学与教师的教出现冲突时,则会主要依据教师的教进行教学。

---

① 连良鹏.优化英语课堂教学探究[M].长春:吉林人民出版社,2017.

以教为中心的教学过程对于纯粹的陈述性知识的传授有一定效果，但对培养学生运用知识的能力却收效甚微。当然，以教为中心的教学过程可以用于教师教育的训练，以考查教师是否具有相应的教学技能。

2.以学为中心的教学过程

一切伟大的教育家都是以学为中心的教学过程的实践者。孔子提出的"学—思—行"的教学过程，后来的思孟学派提出的"博学之、审问之、慎思之、明辨之、笃行之"的教学过程，以及西方古代或近代的赫尔巴特的"明了—联想—系统—方法"、杜威的"疑难—问题—假设—验证—结论"等各种教学过程，以及当代的"激发动机—感知教材—理解教材—巩固复习—运用实践—测试评价"教学过程，都是以学为中心的教学过程。

以学为中心的教学过程强调从学生的学习出发，根据学生的起始水平、学习风格、学习环境等，设计从感知到学习，再到实践和评价的学习过程，教师根据学生的学习过程开展相应的促进学习的教的活动。

在以学为中心的教学过程中，当教与学发生冲突时，教师需依据学生的学习需求修正教学过程，保证所有的教学活动都促进学生的学习。

以学为中心的教学过程依据学习过程设计，实现学习过程与教学过程的有机统一，可以保证教学过程按照学生的学习特征开展，从而促进教学。

在以学为中心的教学过程设计中，教师的作用仍然是主导的，因为这一过程是教师设计完成的，也是教师在课堂中实施的。所以，这就要求教师在设计教学过程时，要充分了解学生，切实基于学习过程设计教学过程。

(二)教学过程的功能

教学过程是教学的实施，是教育目标达成的根本性因素；教学过程在实现教育目标中所起到的作用就是教学过程的功能。教学过程主要有知识传授功能、能力培养功能和素养发展功能。

在教学过程中，教师向学生系统、全面、有计划地传授陈述性知识，因此形成教学过程的知识传递功能。教学是人类社会有目的、有计划、有组织地通过传承人类实践经验而培养新一代的活动。为了加快青少年获得人类社会实践经验的进程，因此开设了专门开展教学工作的学校。所以，有效地传递人类社会实践知识,就成为教学的主要目的,也就成为教学过程的基本功能。

我们知道,只有知识传授是不能培养合格的人才的,能力培养是教学必须承担的职责,教学过程因此具有能力培养功能。在教学过程中,我们通过传递知识,让学生主动掌握知识和运用知识,促进学生认识能力、语言能力、思维能力、观察能力、分析能力和解决问题的能力的发展,从而把学生培养成具有建设和改造人类社会的能力的新一代。

通过教学,学生的思想情感、精神面貌、道德品质、价值取向、情感意志、行为举止等都可以得到发展,教学过程因此具有素养发展功能。在教学过程中,有教师和学生互动,学生和教学内容、教学活动互动,学生和学生互动,在这些互动交往中,学生的综合素养可以得到全面的培养和熏陶,从而实现全面发展。

和所有学科的教学过程一样,英语学科的教学过程也具有以下三种功能:英语语言知识、文化知识的传授使英语教学过程具有知识传授功能;英语运用能力培养以及通过培养英语运用能力而得到促进的认识能力、思维能力、观察能力、分析问题和解决问题能力都得到培养,这使得英语教学过程具有能力培养功能;英语教学过程中的跨文化教育以及相应的精神面貌、道德品质、价值取向、情感意志、行为举止等教育,使英语教学过程具有素养发展功能。

当然,教学过程的功能在一个具体的教学过程中不是分裂的,而是相互交叉,不断出现的。

弄清教学过程的功能,对于我们分析和设计教学过程非常有帮助,因为我们可以从功能的视角分析教学过程,考察观摩一节英语课,分析其教学过程,说明这一过程是如何体现教学过程的不同功能的。

二、大学英语教学过程设计优化

(一)PWP 教学过程

我们可以把学习过程划分为学习前(pre-learning)、学习中(whilelearning)和学习后(post-learning)三个阶段,这就是 PWP 教学过程。

学习前阶段是教师进行教学准备、学生进行自我准备、教师激活学生学习新的语言知识、形成新的语言运用能力所需的知识、能力的阶段,其目的是为新语言内容的学习做好准备。这一阶段包括课堂教学之前的一切准备活动,也包括课堂教学中开始学习新的语言内容之前的导入、启动、复习、激活等活动。

学习中阶段是学习新语言的阶段,一般是在课堂进行,但也可以是在课堂之外的自我学习活动。在这一阶段,教师进行知识呈现、讲解,引导学生进行训练,学生通过学习掌握语言内容,形成语言运用能力。

学习后阶段是学习新语言之后的评价、运用阶段,这一阶段应该是课堂之外的运用活动阶段,因为课堂内的活动本质上都属于学习阶段的活动,即使是课堂内的运用活动也属于促进学习的运用活动。

PWP 教学过程可以用于英语教学的每一项具体语言教学内容,在技能教学中表现为不同的具体形式,如听力中的 pre-listening,while-listening 和 post-listening,口语中的 pre-speaking,while-speaking 和 post-speaking,阅读中的 pre-reading,while-reading 和 post-reading,写作中的 pre-writing,while-writing 和 post-writing。这里以写作为例进行说明。

写作前(pre-writing)阶段。写作前,一般应激活学生的写作动机,首先可以通过讨论最近生活、热门话题、焦点问题等,逐步把学生的兴趣引导到写作话题上。然后可以开展头脑风暴(brain-storming)活动,让学生就写作话题的背景知识等开展词汇、语句、文章结构等的自由表达,激活学生已有的知识和能力。

写作中(while-writing)阶段。一般写作的阶段可以分为范文学习、范文分析、中心确立、大纲设计、语句写作、修改完善这几个阶段。

这里的"写作"不是真实的写作,而是指写作学习,所以,写作中的第一个环节是学习如何写。在这个阶段,学习者在教师引导下学习范文,分析范文的篇章结构、论证方法、语句表达方式,甚至学习地图、树形图、柱状图、流程图、统计表等图表的使用等等。这个环节与阅读密切相关的,因为其本质上就是一个阅读活动,只不过是为了学习如何写作而进行的阅读活动。

写作的具体方法很多,不过一般都应该先确立中心思想。在英语写作中,有时看似只是把需要表达的信息用书面形式表达出来,似乎不需要确立中心思想。其实不然。因为任何一篇好的写作,都必须有中心思想。即使是看几幅图片,表达图片中的内容,也同样需要我们确定以什么信息作为主体。例如,图片是学生在植树,是以第三人称描述信息还是使用第一人称,这就是一个确立中心的选择。

在写作中一般要先设计写作大纲。我们可以设计顺叙表达,也可设计倒叙表达,甚至可以设计夹叙夹议的大纲。没有经过大纲设计的表达肯定是没有章法的。

我们在写文章草稿时,是先从头脑风暴获得的语词结构出发,还是先写出一些语句再来穿插运用头脑风暴获得的语词结构?尽管这都是可以的,但显然前者更有利于运用头脑风暴获得的语词结构,后者更有利于一气呵成的创作。

草稿完成之后,进行修改完善,是非常有利于我们的写作学习的,这可以促进我们提高书面表达的能力。

写作后(post-writing)阶段。在真实生活中,我们完成写作之后,一般都是把文章发表出去,把信件寄送出去,把作业提交上去。这些都可以是写作后的活动。我们可以鼓励学生完成写作后,把文章贴到自己的博客、发表到学校或其他网站上、投稿到报社、张贴到校园甚至教室后面的作文栏里等等。

不过作为写作学习活动,我们完成写作之后,还可以进行讨论、相互批阅等,这些促进学习的写作后的活动,对于提高学习者写作能力是非常有帮助的。我们在学习者相互讨论和批阅中,可以制定一定的标准。例如,某次写作活动有一项语言结构要求:至少用一个定语从句描述人物,这时在相互讨论时就可以讨论谁的定语从句运用得最好,评出班级的Top 10。当然,还可以选出运用所学单词的 Top 10,语句结构最丰富的

Top 10,开头最吸引人的 Top 10,结构最恰当的 Top 10,等等,这样写作后的活动就可以成为写作学习活动的有力补充。

尝试先确定中心完成一篇文章,然后再不确定中心完成一篇文章,分析两次写作的质量、时间、过程、难度等。

(二)任务教学过程

任务教学是以引导学习者用所学语言完成某些任务为基础而开展语言教学的教学过程形态,它是能直接培养学生的语言运用能力的一种有效教学方法,但不是唯一的方法。

任务教学通过特有的课堂教学程序培养学习者的语言运用能力,所以著名任务教学的专家威利斯(J. Willis)、斯凯恩(P. Skehan)以及埃利斯(R. Ellis)都先后提出了自己设计的任务教学的课堂教学程序模式。

威利斯的模式中任务前、任务环、语言聚焦(language focus)的程序具有比较典型的二语教学特征,其语言聚焦在任务完成之后,说明任务完成不是语言学习的结果,而是语言学习的前奏,这对于外语教学显然有比较大的实践困难。斯凯恩提出了基于认知心理学的教学程序,他的程序非常清晰地说明了减缓认知负荷、注意力操控等教学环节的目的,但其心理过程显得过于复杂,而且全班学生的认知心理过程是否完全一致,也没有定论。基于此,埃利斯按时间顺序把任务型教学的课堂分为任务前、任务中和任务后三大阶段,然后把不同的教学活动作为不同选择(options)按阶段提供给教师,放弃了用一种课堂教学程序把各种教学活动都串起来的努力。

对于教师来说,更为清晰的课堂教学程序应该具有教学目的和教学过程的双向性。[1] 也就是说,应该按照教学程序来说明教学目的,这样才能比较清晰地呈现教学程序。而国外这些学者提出的教学程序在中国的汉语环境,以及教学时间非常有限的大班环境中是否有效,甚至是否可能,都需要深入地研究和实践。

---

[1]　连良鹏.优化英语课堂教学探究[M].长春:吉林人民出版社,2017.

我们发现,在当前中国这种外语教学环境(主要表现为汉语环境、教学时间有限,大班)中,切实可行的任务教学过程有以下三种。

1.基本模式:"任务呈现—任务准备/语言学习—任务完成—任务反思"程序

在任务教学中,我们对课堂教学程序按时间顺序划分的同时也加以目的的描述。任务教学的课堂教学程序大致可分为四阶段:第一,任务呈现(presenting the task),第二,任务准备(preparing for the task),第三,任务完成(completing the task),第四,任务反思(reflecting on the task)。不难看出,由任务呈现,进而是任务准备、任务完成,最后到任务反思,体现的是一个任务教学课堂的时间顺序过程,而呈现、准备、完成、反思等是对这一过程中各阶段目的的描述。这一课堂教学程序是真实任务课堂教学的基本程序,也是我们倡导的教学程序。

任务呈现阶段的目的是引导学生进入任务情景,理解任务要求,尤其是任务所要求的结果等。一方面,任务教学强调任务呈现阶段要引导学生进入任务情景,其目的是激活学生与任务相关的内容图式,以便减轻学生在任务完成阶段的认知负荷,使他们有更高质量的语言产出。另一方面,任务呈现阶段也强调帮助学生理解任务要求,尤其是任务所要求的结果。如果学生对任务要求不明确的话,在其后的各阶段就难以实现预期的教学目的。

任务准备阶段的目的是让学生为完成任务而进行内容或语言上的准备。作为语言教学活动,任务主要涉及两方面的准备:一是任务参与者在完成任务过程中所需要获取、处理或者表达的内容;二是任务参与者在完成任务过程中获取、处理或者表达这些内容所需要的语言知识、技能或者能力。一般来说,前者往往是以意义为首要关注的任务准备,而后者则是以形式为首要关注的任务准备。

显然,有些任务准备阶段的教学活动并不是一种纯粹内容上的或者语言上的任务准备活动。举"观察别人做相似的任务"为例,学生既可以从观察他人做相似任务的过程中获取完成任务所需要的内容信息,也可以从中学习到完成任务所需要的语言知识,如词汇、结构等。对此,教师一般存在对学生的任务准备活动是否加以引导的选择,如果加以引导,教师还可以选择是引导他们准备内容还是准备语言,即是以意义为首要关注,还是以形式为首要关注。

在任务教学中,真实学习任务是以形式为首要关注的教学活动,它可以围绕自身任务所要求的结果,也可以围绕一个真实运用任务所要求的结果而展开教学活动。也就是说,在真实运用任务的任务准备阶段,教师可以通过一个真实学习任务引导学习者为完成该真实运用任务做语言方面,即以形式为首要关注的任务准备。

任务完成阶段的目的是让学生按照任务要求完成任务,以达成任务所定义的结果。值得注意的是,任务教学要求区分任务的教学目的与任务的结果,这对于真实运用任务和真实学习任务都是同等重要的。对于学生来说,不管是真实运用任务还是真实学习任务,他们完成任务就是为了达成任务的结果,而对于教师来说,任务的完成更重要的是看是否达到教学目的。

完成任务的要求往往是教师在设计任务的时候预先设定好的,但教师还可以在学生完成任务的同时做出一些同步的教学决定以影响任务的完成。在真实运用任务的任务完成阶段,任务的主要参与者是学生。这时教师极可能在"远处监控",而在真实学习任务的任务完成阶段则不一样:真实学习任务是强调师生共同参与完成的,这也是真实运用任务与真实学习任务在任务完成阶段中的不同之处。

任务反思阶段的目的是提供机会让学习者重新审视任务过程,包括任务的准备过程和完成过程,特别关注所运用的语言的正确性与得体性。任务反思阶段属于任务后阶段,其中的关键是对任务过程进行有意识的反思,如对任务的完成情况进行反思,对任务过程中所出现的语言形式问题加以关注等等。与教学目的相对应的是教师在任务反思阶段的三大类教学活动,即重做任务、反思任务、关注形式。显然,在实践教学中教师可以有不同的具体的教学活动选择,如威利斯的模式中就以任务报告作为一种任务反思的方式。另外,教师也可以对学生的任务反思加以引导,或者不加以引导。重做任务大多是没有加以引导的一种任务反思活动,而对某些语言形式的关注则往往是一种有引导的任务反思活动。

在任务教学中,其中有引导的任务反思活动是真实学习任务。与任务准备阶段相似,教师可以在真实运用任务的任务反思阶段设计相应的真实学习任务以引导学习者对任务过程中出现问题的一些语言形式加以反思和学习。

2.语用模式:"语言学习—语用呈现—任务呈现—任务完成—任务反思"程序

语用模式是真实任务课堂教学程序的一种变体,主要适合语言难度较大或教师刚开始采用任务教学的情况。

这一变体只是把"语言学习"这个环节提前到"任务呈现"之前,并在"语言学习"之后加了"语用呈现"这个环节。这里重点介绍"语用呈现"这个新的环节。

语用呈现就是向学生呈现所学语言的语用特征,尤其是完成后面的运用任务所需要运用的语用要素,强调语言在运用上的正确性与得体性,为后面的任务完成进行准备。语言呈现阶段属于任务前阶段,其关键是帮助学习者掌握完成任务所需语言的语用内涵,进行有意识的准备。应该说,语用呈现的关键是教师把握教学内容的语用内涵,并根据任务的需要进行准备。

在实际的教学中,语言呈现通常在语言学习之后采用发现、归纳、提示的方式进行,对于难以把握的语用内涵,则可以采用讲解、演绎的方式进行。

这一程序其实有很多传统的 PPP 课堂教学程序的特征,我们可以把语言学习看作"presentation"和"practice",把后面的任务呈现和任务完成看作"production"这一程序与 PPP 教学程序最大不同在于要求教师在语言学习之后进行语用呈现。这就是说,语用呈现是这一程序是否符合任务教学程序的关键,若没有这个环节,我们完全可以把它看作 PPP 教学程序,而有了语用呈现,就可以看作任务教学基本程序的变体。

3.复习模式:"语言复习—任务呈现—任务完成—任务反思"程序

复习模式是真实任务课堂教学程序的另一种变体,主要适合复习课和活动课。这一程序把"任务呈现—任务准备/语言学习—任务完成—任务反思"这个基本程序中的任务准备/语言学习环节变成了语言复习环节,而且提前到任务呈现之前,因为这是新语言学习之后的活动课或复习课。

语言复习阶段的目的是让学生对所学语言进行巩固强化,并主要复习完成任务所需要的语言,复习的主要目的是提高学生运用语言的正确性。语言复习通常是阶段性的活动,可以是一个单元、模块的学习之后的复习,也可以是一个阶段学习之后的复习,比如一个月、一个学期等,还可以是完成一个综合性运用任务之前的复习。

在英语的活动教学中,我们经常采用这一教学程序,因为语言复习可以认为是在语言学习之后活动课常用教学程序之前。

以上三种教学程序是我们在教学实验和教学实践中采用的真实任务课堂教学程序,以"任务呈现—任务准备/语言学习—任务完成—任务反思"为基本程序。不过相对而言,这种基本模式的教学要求教师具有较高的语言运用能力,能根据语言运用的本质设计语言活动,同时要求学生在比较真实的环境条件中完成任务,如网络任务需要足够的网络环境和条件,与外国旅游者进行交流则需要有讲英语的外国旅游者到当地参观旅游。

对于真实任务的具体课堂教学来说,我们可以根据真实的学生学习要素、真实的教师教学要素、真实的教学内容要素、真实的教育教学条件要素等,选择、调整任务教学的课堂教学程序。当然,我们的教学目标、教学活动的目的必须以培养学生运用英语的能力为目的,因为这是任务教学的目的,也是英语课程所规定的基础教育阶段英语课程的总体目标。

第三节　大学英语教学媒体设计优化及实践分析

一、教学媒体选择与运用的原则

教学媒体的选择和运用,是教学设计的一个重要环节。目前教学媒体的种类繁多,如何从众多的教学媒体中科学合理地选出适合于具体教学情境的媒体,并有效设计教学过程是外语教育工作者探讨的主要问题之一。我们应在了解教学媒体的特征及功能的基础上,从学习者、学习内容和外部条件等方面考虑如何选择与运用教学媒体。

(一)学生中心原则

要使媒体具有较强的针对性、适应性和实用性,就必须考虑学习者因素。因为课堂教学的主体是学生,教学的目的是让学生掌握知识和能力,所以教师需要以各种媒体为载体,设计一些教学活动为学生提供教学内容,让学生去感知、去体验,然后内化成自己的知识和能力。显然,媒体的选择首先要考虑学习者主体因素,要以学生为中心。以学生为中心就是要考虑教学媒体对教学对象的适合度。[①]

不同层次、不同年龄阶段的学生对事物的接受能力不一样,选用教学媒体时必须考虑他们的年龄特征、认知能力以及学习偏爱。例如,小学生好奇心强,生性爱动,注意力不能持久集中,抽象思维能力弱,喜欢直观性强、表现手法简单、图像画面对比度大的媒体。因此,小学阶段教学媒体的选择,重点应放在如何实施形象化教学以适应学生的直觉思维特征,应选择能激发他们学习兴趣和好奇心的媒体(如幻灯、投影、模型、录音、图片等),使他们能出于个人需求积极主动地参与课堂学习,较自然地感知

---

①　杨清波.媒体技术与英语教学研究[M].成都:电子科技大学出版社,2015.

语言。在初中阶段,尽管形象化教学仍然不可缺少,但不用像小学阶段那样以形象化教学为主,应着重引导学生运用语言去揭示事物的内在规律,逐步发展学生的逻辑思维能力。这一阶段,可选用视听觉结合的媒体形式(如投影媒体、录音录像媒体、多媒体等)。而高中生和大学生,一般具有较强的逻辑思维能力和自我控制能力,适合用那些表现手法较复杂、展示教学信息连续性强的媒体,如电视录像、语言实验室教学系统等。同时,可以把网络化学习资源和数字化学习过程纳入教学过程,使学生在利用丰富资源、探究问题的过程中生成语言知识、养成自主学习的习惯、培养运用语言的能力。

(二)有效性原则

由于利用媒体辅助教学的目的是提高教学效果,所以有效性是我们选择和使用媒体的核心。媒体使用的有效性在于有目的地设计不同学习任务和学习活动,借助媒体使课堂教学形成多种互动的语言交流和运用的过程,即改单一的线性语言信息输出为多维的信息展现、多渠道信息输入、多感官刺激与多形式的语言交流,使学习者最大限度地接受语言信息,自然习得语言,从而达到提升教学效果的目的。

要使媒体选择有效,需要注意两个方面:一方面是教学媒体要适应具体的教学目标。教学目标是贯穿教学活动全过程的指导思想,规定着教师的教学活动内容和方式。不同课程有不同的教学目标要求。例如,小学低年级的英语教学目标主要是培养学生对英语的兴趣和爱好,能用简单的英语问候、交换信息、做角色扮演,并能读懂简单的书面材料等。大学阶段的英语听说课的教学目标是培养学生能听懂英语并能得体地用英语表达思想、进行交流。而这些课程的总体目标又要分解成具体的单项技能,通过具体的单元目标、课时目标来实现。为了达到不同的教学目标,需要使用不同的媒体来呈现和传递教学信息。听说技能的培养可采用录音录像、图画等媒体,通过反映实际情景的动画和录音语言使学生在具体的语言环境中掌握听说技能。读写能力的提高需要大量印刷媒体和电子媒体呈现的语言材料的输入和输出活动来完成。

另一方面是教学媒体要适应具体的教学形式和教学内容。教学内容不同选择的教学媒体会有所区别。每一种媒体都有其自身的特点和优势，适合于某种学习任务或教学活动。

依据教学目标和教学内容选择媒体，是教学媒体运用的基本原则。此外，选择媒体时，要注意适时适量。所谓适时就是根据教学内容、教学任务的需要来选择教学媒体运用的最佳时机，在激发兴趣启发思考时和在阐释难点疑点时，可选择使用合适的媒体展现教学信息。所谓适量就是不能过度使用媒体，如过多的媒体变换反而会减弱学生的学习热情、影响师生间的信息交流和教学效果。值得注意的是，无论哪种媒体，不管其性能强弱，在教与学的过程中都是一种工具，只能起到辅助作用，不能喧宾夺主。

(三)可操作原则

媒体可操作控制的程度是选择媒体时不可忽视的方面。可操作性是指资源条件的便利程度，即学习场所、办学单位提供可利用媒体的方便程度和教师对媒体使用时操作的难易程度。媒体的选择要根据工作单位的资源状况(硬条件和软环境)以及个人利用媒体的能力而定。如果单位条件允许，可提供功能强、性能全、且便于操作的仪器设备，如多媒体教学系统、语言实验室等非常有效的外语教学媒体。虽然并非每个学校都有经济能力置备，但有条件的可以用普通语言室或多功能语言实验室上听力课，条件受限的也可以因陋就简采用录音机代替。因为语言知识的获得与技能的提高主要靠大量的语言输入和应用训练，输入只提供了前提条件。

但是，即使有先进的设备，不具备使用的能力和技术同样不能发挥现代媒体的功能和作用。选择时要根据实际情况和具体的教学形式而定。大班上课时，我们应选择能充分展示教学信息的媒体，如扩音、幻灯、多媒体投影、电视录像等；远程教学中，我们应当选择电视广播、网络之类的教学媒体；而对于个别化教学，我们可选择收录机、复读机、微型幻灯等便携式媒体，以便学生观察与模仿。

二、常规教学媒体的设计优化与使用

学习知识是感性认识与理性认识相结合的过程。知识一般是通过直接经验和间接经验获得的。学习的理想程序应该是直接经验（具体的）向间接经验（抽象）的过渡。① 常规教学媒体（黑板、图片、图示材料、实物等）能为学生提供直接的感受和真切的体验，使知识的学习简单易懂。为此，我们应充分了解、合理地选择和使用常规教学媒体，从而为学生提供具体有效的学习经验。

(一)黑板的设计与使用

黑板是课堂教学中最常用、最普遍的一种教学媒体。无论什么课程的课堂教学，都离不开板书。它具有现代教学媒体不能替代的优势和特点。合理使用黑板，科学设计板书能给学生提供充分的思维时间和空间，让知识更好地生成和传递，促进师生的互动和交流。

1.黑板的作用和特点

使用好黑板、设计好板书是课堂教学设计的一项重要内容。板书作为一种重要的教学手段，对教学效果能产生直接的影响，可以起到直观、示范、引导的作用。

板书的直观性是指板书可以把抽象、复杂的内容直观地展示在学生面前，将提炼的教学信息直接作用于学生的视觉器官，产生一目了然的效果。例如，在讲解二语习得理论时，教师可以把某一理论的主要观点梳理出来，把抽象的理念用图表的形式展现，使枯燥乏味的理论直观形象地作用于学生的视觉。这样学生不仅能更好地理解理论的基本观点，而且还能体会其内在的逻辑关系，进行联想和思考，由听讲时的被动接受变成观察过程中的积极思考。实际上，板书的直观性更适用于英语课堂教学。直观形象的教学信息比单纯语言的讲述深刻得多，更能吸引学生的注意力，激发他们对所讲内容的兴趣，而且条理化的内容便于学生理解和记忆。

---

① 周利君,雷涵彧,向小婷.英语学习策略与思维训练[M].重庆:重庆大学出版社,2021.

板书的示范性是指教师可以在黑板上展示某种规则、进行逻辑推理等等。这一过程本身给学生提供了模仿学习的机会。

板书的引导作用体现在课堂教学的全过程。不言而喻,板书设计的目的之一就是引起学生对所讲内容的注意,使他们产生兴趣。教师往往通过板书把一节课的内容梳理出来,按一定的逻辑关系贯通内容结构,形成讲授的基本思路,这也是引导学生进入课堂内容重点和难点的路径。实际上,板书不仅能起到引导学生理解学习内容的作用,而且也能引导学生进行理性思考、合理归纳总结。精美的板书设计在传达教学信息的同时还是美的享受和熏陶。

2.黑板的使用技巧——板书的设计

板书是教师创造性劳动的结果,也是教师风格和教学基本功的具体体现。每个人分析问题、表达思想的方式不同,板书的形式也就会不拘一格。无论用何种形式展现,都需要精心设计。板书基本的设计原则是:清晰条理地展现课堂内容,有效地引人入胜、引发思考,便于学习者理解和记忆。不然,就起不到板书基本的梳理贯通作用。实践中,教师一般都是根据教学内容和学生的特点设计板书,把设计好的板书适时再现在黑板上,使之辅助传递教学信息、更好地完成教学任务。

板书通常分为正板书和副板书。正板书是事先设计好的,在讲解的过程中根据教学内容呈现的次序写在黑板上,一般不随意擦掉;它体现课堂教学的基本线索和主要内容,应以合乎逻辑的方法展示给学生。副板书具有随意性,是教师用来辅助说明的内容。课堂教学的生成过程中突发的灵感和值得深思的片语都可以通过副板书随时写在黑板上启发学生思考,或诱导学生遵循讲解思路,或者用以辅助说明正板书的内容。有经验的教师总是认真对待板书的设计和展示,通过板书把教学内容呈现给学生,使课堂教学更加直观形象、生动有趣。

板书展示的时间和形式要符合讲解的内容,要适时展现。由于课堂上的时间和黑板的空间有限,板书应设计得简明扼要、重点突出,具有引导启发性。教师不能长时间呆板地讲解内容,也不能面对黑板满满登登地书写,更不能随心所欲杂乱无章地书写。这些都会不同程度地影响板书的作用,更会影响教师的形象和教学效果。

设计板书时,应力求在内容上提纲挈领,重点突出;文字上简明贴切,清晰表达所讲授的主要内容;在呈现形式上要布局合理、层次分明,达到一目了然的效果;在表现手法上要图文并茂,巧妙生动,多感官作用于学生。例如,在讲解课文时,我们可以采取问题引导式板书,将导入性、理解性、分析性等问题分层次呈现给学生,通过这些基于内容的巧问、导疑、释疑的过程,引导学生积极思考、寻找问题答案、理解语言内涵。

板书的形式可根据教学内容而定,可以用提纲式、关键词语式,还可以用图表/表格式或混合式等形式呈现教学信息。最常用的一种板书形式是提纲式板书。提纲式板书概括性强、层次分明,便于操作和掌握。教师备课时将内容归纳总结,以教学内容的内在逻辑关系为主线,提炼出各层次内容的关键句,随讲授的次序逐步书写在黑板上。例如,在讲授媒体的发展与宏观的文化形态时,我们可以以提纲的形式将讲授的主要内容概括展示在黑板上。

关键词语式板书,顾名思义,由关键词语组成。它简洁易操作,而且可以帮助学生以点带面地掌握教学内容。备课时精选出代表性强、能准确反映讲授内容的关键性词语,讲课时适时写在黑板上即可。词语式板书也可以通过表格的形式清晰地展示,归纳成表格的板书能高度概括教学内容的层次关系,通过并列或对比组合展示两种事物的异同。例如,我们可以把中西文化的主要特征和汉英语言的差异先用关键词提炼出来,然后再用表格的形式展现在黑板上,使它们的特征与差异一目了然,既能帮助教师讲解,又能帮助学生理解和记忆,同时还有助于师生依此进行交流和讨论。

作为传统的教学媒体,黑板使用简单方便、信息展示灵活,有助于内容的讲授和理解。但是需要提醒的是,课堂上不宜使用太复杂的板书。因为黑板版面有限,传递信息的数量和形式都有限。如果教师用过多的时间在黑板上写和画,尤其是长时间背对着学生书写,势必会影响师生的视线交流(eye contact)和学生的兴趣;另外,占用过多的时间也会影响教学进度,节奏的放慢易使学生产生松懈和厌烦情绪。

总之,板书及时性强,教师可随时提取信息随时记下,且可以随着交流的深入调整内容。同时好的板书能为师生拓展思维空间,引导学生深入思考,启发他们质疑和反思,使其置身于知识形成、知识建构的过程之中,从而在探究的过程中领悟知识的真谛、获得积极的情感体验。这一过程本身就丰富了课堂教学的信息量,增强了教学的互动性和生动性以及知识的生成性。

(二)教具的设计与使用

教具是一种可以与学习内容产生直接联系,直观性很强的视觉媒体。日常生活中的很多东西(小型实物、图片、图示材料、模型等)都可以根据教学内容的需要作为教具使用。课堂上,教具的使用可使学生迅速形成概念、加深理解。

小型的实物是一种很好的直观教具,可以为学习者提供最真实、最基本的具体形象。模型是实物的替代物,可以保留实物的细节和特征、展示内部结构和模拟运动变化过程,帮助学生通过观察来理解某种原理或训练某种技能。实物和模型具有直观、具体、真实的特点,便于观察且能引起学生兴趣。但并非所有的实物都能作为教具供教学使用,有时使用不当还会分散学生的注意力。

在没有直接可用的实物时,我们可以根据需要,制作一些简单的教具辅助教学。图片就是其中的一种。

图示材料是另一种直观教具,是指利用各种类型的图画传递教学信息的可视材料,包括示意图、图表、简笔画等。它们可以简单明确地表现事物结构、相互关系、变化趋势等。在表达复杂的逻辑关系时,我们还可以用图示和文字组合的形式展示教授内容。这样可以条理化教学信息,使抽象的信息具有直观形象的特点,易于学生接受和理解。在讲解结构性知识时,我们除了用纲要式简洁的文字有条理地理出脉络之外,还可以通过概念关系图清晰地表示概念之间的层次和逻辑关系。例如,在讲授网络课程设计时,我们可以把设计过程中的多元成分分层次组合,使之视觉化地展现在学生面前;也可以把各种成分间的职责图文结合地展现。

但是,需要说明的是,图示材料是一种视觉符号,无论是简略图、设计图,还是图表、图解都是通过视觉渠道传递信息,教师应使用能保证信息正常传递的视觉形式,以免学生由于年龄小,视觉素养弱而误解信息。因此,教师应有意识地进行图像创意思维准备,备课时整理教学内容、理清知识结构,将知识内容可视化,把内容和认识转化成可以看得见的图画,使之一目了然。

当然,复杂的图示在课堂制作中有一定的局限性。我们可以充分发挥现代教育技术的作用,将传统教学媒体与现代教学媒体结合使用,使它们最大限度地辅助教学。但是无论哪种媒体的使用,都需要教师精心地选择和设计。即兴盲目地选择、随心所欲地使用都会有不尽如人意的方面,都是需要避免的。因此,在关注教材、学生、教法的同时,教师应选用针对性强的媒体,高度有效地展示教学内容、传递教学信息。

三、电子媒体的设计优化与使用

(一)多媒体的设计与使用

多媒体是指由两种以上媒体组合使用的信息处理系统,可以集文字、声音、图像、动画于一体,使多种信息形成动态组合或集成。[①] 多媒体信息源具有多维性、交互性和情景性等特点。从教学过程的信息输入看,利用多媒体既可以非线性地呈现和传递文本信息,又可以多维度地再现信息的虚拟实景,还可以进行互动性信息交流。从效果或功能看,多媒体既能多感官刺激学习者,加深印象与记忆,又能有效地拓展教与学的资源与空间以及学生的视野。这些多重性特点弥补了传统教学媒体单一信息呈现与传播的不足,使教学内容更加丰富、生动、形象。在教学实践中,我们应充分利用其多重优势,设计与之相应的教学活动,通过语言环境的创设

---

① 刘照惠,鲁子问,夏谷鸣.英语课堂观察量表设计与运用实践[M].上海:上海外语教育出版社,2021.

和语言知识的输入及运用,使外语教学由单向知识传授向多维信息互动传播转变。

1. 运用多媒体,创设语言环境

语境是语言赖以生存和发展的环境,也是语言运用的环境空间,对语言学习至关重要。从含义上讲,语境有狭义和广义之分。狭义的语境是指语言中的上下文语境,即词语或句子所存在的具体话语;广义的语境是指语言的客观环境,即语言的社会文化背景。从语言学习的环境看,语言环境可分为宏观的语言环境和微观的语言环境:宏观的语言环境是指自然的语言环境(家庭和社会);微观的语言环境是指课堂语言学习环境或氛围。通常,人们可以在自然状态下学习运用语言,即通过各种形式(亲友同事的相处,日常工作交往,各种社会活动的参与等)和多种媒介(电视、广播、报刊等)自然习得语言。

就外语学习而言,学习者多缺乏宏观的语言环境的熏陶,教师应精心创设较为真实的语言环境,通过语境化语言输入帮助学生感知、理解语言。语境化输入是指通过创造合适的语境向学生输入语言材料,让学生从语言生成的背景和语言交流的语境来理解语言,从而真正掌握语言的规律、得体地使用语言。

现代化教学媒体,尤其是多媒体集多种功能于一体,图文并茂,声像俱佳,表现力强,能为学习者提供大量较为自然真实、生动形象的语言信息以及与之相匹配的情境信息,使学习过程生动有趣;同时可以多层次、多角度地呈现教学内容,对学生视听觉感官形成共同刺激,为其提供必要的学习支持条件,使学生在情境与语言输入之间建立联系,促进他们对知识的理解和掌握。

教师应根据学生的年龄特点、认知水平和语言学习规律,选择适宜的媒体和形式,通过任务情景的创设提供丰富的语言环境,从而使学生获得有用的语言知识和技能。例如,教师可利用视听媒体为学生提供不同场景下的社会活动场面(如生日宴会、野餐、郊游等),让学生身临其境地感知语言的运用,指导学生从立体多维的信息中归纳出适应于不同交际场合的交际规范和表达方式,使枯燥的规则与生动的场景相融合,从而激活他们的语言思维,使其学以致用,在展现自我的过程中学习和运用语言。同样,也可以做观后讨论,通过分析使学生了解中西文化交际的差异以及原因,以便进行有效的跨文化交流。

2.运用多媒体,增加语言输入和运用机会

英语是一门实践性很强的学科,学习的最终目的就是运用,即利用口头和书面语言进行交流。要想使作为外语的英语得以运用,首先就必须为学生提供足够的、可理解的语言输入,让学生在感知语言的过程中掌握语言知识,为语言的运用奠定基础。

运用多媒体进行英语教学,能在有限的时间内增加语言的输入量和提供学习者实践的机会。[1] 网络资源很丰富,教师可以充分利用这些丰富的资源为学生提供真实语料,使学生根据自己的需求(兴趣、爱好、程度等)选择相关资料进行超文本自主阅读;也可以采取任务型阅读方式促进学生阅读,即给学生规定一定的阅读量或让学生做阅读后续活动(如寻找答案、要旨归纳、篇章总结、故事简述等),通过大量的语言接触增强学生的语感和阅读能力。

另外,教师可以利用电子幻灯、投影等媒体展示语言信息及背景,展示时一边放映画面,一边有针对性地进行启发、诱导和讲解,通过画面和声音的有机结合,激发学生积极思维,引导学生理解、掌握语言知识。再者,教师还可以选择电影、电视节目片段提供声情并茂的语言画面,并通过多种播放方式(如定格观看、无声观看、只听不看等)加深对语言信息的领会,同时轻松愉快地感悟语言的真实运用,掌握基本语言知识;并根据特定的情景设计拓展型练习,在情感交流、思想表达的过程中扩大语言的输入与输出量,提升语言运用能力。

文化教学是语言教学中的重要方面。教师可以搜集、存储、编辑相关文化知识,并以多种形式呈现给学生,让他们通过对比中西文化的异同进

---

① 许西萍.基于网络多媒体的大学英语教学模式的研究[M].长春:吉林大学出版社,2017.

一步探究文化的深层内涵。譬如利用 PPT 展示目的语国家文化的不同侧面(如建筑艺术、服饰饮食、文学绘画等);或者利用影片片段、光盘仪、节日庆典、民俗等;或者指导学生分析电视节目中的文化内涵;还可以从网上下载与教学相关的社会文化背景材料,将其刻录成光盘,以文化旁白的形式插入课文讲解中。总之,教师应充分利用先进的教育设施,多维度、多层面地进行社会文化信息输入,以增强学生对目的语文化的感性认识和理解,从而有效地习得目的语、得体地运用语言。

(二)网络资源的设计与使用

随着教育技术的发展,各学校都相继建立了校园网,使基于网络的数字化教学成为可能。网络起初依赖于文字符号传播信息,但随着数字技术与宽带技术的发展,人们很快掌握了对图形图像的编码、复制、修改与传播,使得网络成为无限丰富的语言与影像相结合的信息源。在通信工具普及的今天,人们可以利用信息技术以及相关设施及时丰富网络信息。这种滚雪球式的传播方式使丰富的资源得以不断地涌聚,并实现共享。

网络具有较强的交互性和传播性,并体现在人机互动与人人互动传播上。一方面人们可以通过网络的终端(PC 机)从浩瀚的信息源中筛选汇总所需资料和信息,同时也可以编辑、传播信息(包括语言和非语言信息),形成单向互动;另一方面人们可以通过网络中介与世界任何地方的人进行实时性或延缓性的信息交流,形成双向或多向互动交流。这是任何传统媒体都无法比拟的,为语言教育,尤其是外语教育提供了难得的资源与平台。

网络教育资源的建设问题早已受到我国政府和教育部门的高度重视。与传统教育资源相比,网络资源具有开放性、共享性、多形式融合等优点。网络教育资源的建设与开发,可以通过收集相关网络信息丰富课程资源;也可以为学生提供教育资源网站,实现区域不同网站的互访和资源共享,让学生进行网络环境下的自主学习、探究学习和合作学习;还可以通过课程网站的建设丰富课程与学习资源,形成教学互动平台。

第三章 读写一体化教学理念下的大学英语教学方法

第一节 自主学习法

教育教学的目的是培养学生独立思考的能力和自我管理的能力,从而为学生未来的独立学习提供所需要的技巧与能力。这就是说,教育教学的目的是培养学生成为独立、自主的学习者。在英语读写一体化教学模式中,自主学习的实施也有着重要的意义。

一、自主学习的内涵

自主学习的思想是相对于被动教学条件下的学习而提出的,主要指的是学生懂得主动参与教学过程,并积极阐释所学信息,懂得利用课堂知识解决现实生活中的问题。下面就对自主学习的定义与特征展开分析。

在我国新一轮的基础教育课程改革中明确提出要学生从被动、依赖的学习方式转变为主动、积极的学习方式。在知识经济时代的影响下,人们的学习观念与学习方式也在不断进行着革新。自主学习在人们的生活和工作中发挥着越来越重要的作用。在英语读写一体化教学模式的应用上,自主学习也备受关注。下面就从自主性的概念出发,对自主学习的内涵进行总结。

(一)自主性的概念

自主性的概念最早可以追溯到古希腊时期,是作为一个哲学概念被提出的。由于人类具有自主性,是自主的社会存在,因此才能克服自然的束缚,和自然进行不断抗争与搏斗,最终对自然进行积极的改造满足自身的需求。

需要注意的是,人类社会中的自主性,是相对于强制性、被压迫性和被压抑性来说的。自主性的存在表明人类在社会关系中的地位,表现出人类的自觉性、自为性状态,是人在改造客观世界的活动中有目的地选择支配、控制这种改造活动及其结果的能力和权利的统一。[①]

自主性是人类的本质特征,是人类主体地位的体现,体现出人类具有支配自己的权力与责任的能力。除此之外,自主性也表明社会人自主生活和发展的属性,表现出社会人要成为世界和自己命运主人的态度。

从教育的角度对自主性展开分析,其指的是个体的独立性以及不受他人控制的能力。但是,人类的自主,是程度上的问题,也就是说人们只是在生活的部分领域能够决定自己的想法和做法。学者皮亚杰指出,自主分智力方面和道德方面,智力自主涉及的是真与伪的问题,道德自主的反面是他律,他律意味着他人管理自己。

综上所述,自主性指的是人类的品格特征,带有两个方面的内容。对内的自主性指的是个体自身具有的独立性与主动性,能够积极建构自己的主动态度和鲜明的独立人格;对外的自主性指的是个体在社会生活中带有责任感、自律性。具备自主性的人,能够在社会中摆正自己的位置,具有独立、自主的意识,同时认识到自主是在一定范围内的自主,应该在社会道德、伦理、法规的范畴内活动。

(二)自主学习的定义

由于学者对自主学习有着不同的研究立场与研究方法,同时对于自主学习的基本问题还存在着很大的争议,因此想要给自主学习下一个统一的定义十分困难。

亨利·霍莱克是最早进行自主学习研究的学者。他认为,自主学习是指"对自己学习负责的一种能力",这种能力并不是天生的,而是需要利

[①] 王鹤.教育信息化背景下的大学英语自主学习探索[M].北京:经济管理出版社,2016.

用自然途径或者专门学习才能获得的。霍莱克认为自主学习能力表现出以下五个方面的内容：①确立学习目标；②确定学习内容和进度；③选择方法和技巧；④监控学习过程；⑤评估学习结果。

迪金森对自主学习定义的分析是从学习的进程方面考虑的。他认为自主学习者应该承担的学习责任包含以下几个方面：①决定学习什么；②学习方式为个人学习；③学生选择学习进度；④学生决定何时、何地进行学习；⑤学生选择学习材料；⑥自我监控；⑦自我测试。

齐莫曼关于自主学习的定义带有代表性。他指出，当学生在元认知、动机和行为三个方面都是一个积极的参与者时，就可以认为其学习带有自主性。在不断研究的过程中，齐莫曼建立了一套具有特色的自主学习研究体系，如表3－1所示。

表3－1 自主学习的研究框架

科学的问题	心理维度	任务条件	自主实质	自主过程
为什么学	动机	选择参与	内在的或自我激发的	自我目标、自我效能、价值观、归因等
如何学	方法	选择方法	有计划的或自动化的	策略的使用等
何时学	时间	控制时限	定时而有效	时间计划与管理
学什么	学习结果	控制学习结果	对学习结果的自我意识	自我监控、自我判断、行为控制、意志等
在哪里学	环境	控制物质条件	对物质环境的敏感性和随机应变	选择、组织学习环境
与谁一起学	社会学	控制社会环境	对社会环境的敏感性和随机应变	选择榜样、寻求帮助

认知建构主义学派的代表弗拉维尔认为，自主学习实际上是元认知监控的学习，是学生根据自己的学习能力、学习任务的要求，积极主动地调整学习策略和努力程度的过程。

维列鲁学派的代表维果斯基认为，自主学习本质上是一种言语的自我指导过程，是个体利用内部言语调节自己的学习的过程。

社会学习理论学派的代表班杜拉认为，自主学习本质上是学生基于学习行为的预期、计划与行为现实之间的对比、评价，来对学习进行调节和控制的过程。

操作主义学派的代表斯金纳认为，自主学习本质上是一种操作行为，它是基于奖赏或惩罚而做出的一种应答性反应。

自主学习还能从广义与狭义两个角度进行界定。从广义上说，自主学习是指人们利用不同的手段与途径进行的具有目的性、选择性的学习活动，是为了实现自主的发展；从狭义上说，自主学习是学生在教师的指导下，自觉进行能动性、创造性的学习，目的是实现自主发展的教育实践。[①]

狭义的自主学习主要发生在学校教育的范围内，本书中进行的自主学习的研究也是从这个角度出发的。自主学习能力是在学习过程中学生的综合学习能力——拥有知识和必要的技能，使学习目标得以有效地实现。学生应该具有自主学习的能力和意愿，从而实现自主学习。

在英语读写一体化教学模式的实施过程中，教师应该培养学生的自主意识，促进学生进行积极主动的学习，让学生能够自我完善与发展。但是，自主学习不能仅仅局限在学习技巧和知识的学习上，教师还需要激发学生内心的自我了解与改进，让学生的元知识、内部动机都能得到发展。

二、自主学习的特征

中西方学者对自主学习的定义不同，对自主学习的特征的认定也存在明显的差异。但是综合来说，仍存在着一些共性，主要表现为以下几点。

(一)自主性

个体都是带有自主意识的，具备独立的个性，能够自觉能动地进行自主活动。

在自主学习的过程中，学生充当学习的主体，具备主体意识，能够自觉、主动地投入学习过程中，掌握适合自己的学习策略和学习方法，对自

---

① 李晓朋.“互联网＋”时代英语自主学习与课堂教学的整合模式探究[M].成都：电子科技大学出版社，2018.

身的学习活动进行调节,并能进行有效的自主评价活动。具体来说,学生的自主性体现在以下几个方面。

(1)学生具有独立的主体意识,对自己有清楚的认识。

(2)学生在学习过程中有明确的学习目标和积极向上的学习态度。

(3)学生能够在教师的指导下独立进行教材的学习和理解,并可以将所学内容内化为自己的知识。

(4)学生能够充分利用自身和外界的积极因素,主动地认识学习和接受教育的影响,从而达到预期的学习目标。

(5)学生能够自主支配自身的学习活动,并进行调节和控制,最终发挥自身的潜力。

教师是学生自主性发挥的重要引导因素,因此应该注重挖掘学生的学习潜力,采用新型的教育手段促进学生自主性的发生。

(二)开放性

在自主学习内涵的影响下,自主学习具备开放性的特征。这种开放主要指的是学习内容、时间、空间、方式、组织形式等的开放。也就是说,学生在开放的学习环境下,利用教师的指导,能够自主控制自己的学习活动。

(三)差异性

每个人都具有独立性,因此带有先天素质和后天成长环境的差异性。在进行英语学习的过程中,面对同样的教学内容,不同学生的学习起点、情感准备、知识基础都带有差异性,因此对教学内容的消化、吸收也各不相同。

自主学习尊重学生的差异性,认可和接受不同学生的水平和学习方法的差异,同时鼓励积极给予学生选择学习内容与学习资源的自主权。

(四)独立性

独立性和依赖性相对。具有依赖性的学习指的是将学习活动建立在依赖性的一面上;自主学习则将学习活动建立在独立性上。

我国传统的英语教学活动中,学生对教师有着很大的依赖性。自主学习则要求学生不以教师的意志为转移,在各个方面鼓励学生脱离对他人的依赖,从而自己独立做出学习上的选择与决定。

独立性是自主学习的重要特征,是学生学习知识、掌握技能的重要环节。

(五)相对性

自主学习的重要特征是相对性。在现实的学习中,绝对的自主和绝对的不自主都并不常见。大部分学生都表现为相对自主,也就是在一些方面自主,在另一些方面不自主。除此之外,由于学生是在学校进行英语学习的,因此学习活动难免要受到学校的安排,不可能完全摆脱对教师的依赖性。了解了自主学习的这个特征就需要教学者从学生的实际情况出发,分清学生自主与不自主的方面,进行有针对性的教学工作。

自主学习的过程并不是学生随心所欲的过程。权利与义务是相统一的,自主学习中的自主与责任也是彼此制约的。在自主学习中,师生之间需要建立起彼此尊重、协作的关系,教师需要逐步培养学生的自主选择能力与判断能力。学生也应该明白,自主学习中所拥有的决策权和选择权是以学生相应的学习责任为前提的。

三、英语自主学习的策略

自主学习表现为个体能够自我管控自身的学习行为,在英语学习过程中可以使用自我计划策略、自我监控策略、自我评价策略进行有效控制。

(一)自主计划策略

自主计划策略主要使用在学习前的准备工作中,教师需要发挥自己的指导作用,帮助学生针对课堂教学内容做好准备。

(1)学生需要根据所学材料的标题对教学内容展开预测,并使用多媒体、网络等方式进行文化背景的了解。

(2)学生需要根据自己的学习情况,确定学习目标。学习目标的确定有助于学生了解重要细节。

学生还需要从语言准备和非语言准备两个方面进行自主计划。上述两个方面可以同时进行。在这个过程中,可以利用图式知识展开。图式知识是指学生大脑中储存的相互关联的各种知识、观点与概念,图式知识既是学习的基础,同时又是学习的一种成果,它随着学习而不断丰富和完善。教师可以在准备教学的过程中,为学生提供一系列的关键词语,从而让学生建立一定的图式知识,并利用关键词对已有图式知识进行激活。具体来说,自主计划策略的实施包括以下几个方面的步骤。

(1)组织计划。学生需要将要学习的材料进行预习,从而了解材料的相关概念与大意内容。

(2)集中注意。学生在事先计划的过程中需要始终保持自己的注意力。

(3)选择注意。在自主计划过程中,学生需要注意教学材料中的语言特征或者有助于课文知识理解的相关细节信息。

(4)自我管理。了解课堂知识完成所需要的不同条件,并控制自己的言语行为,从而利用已知语言信息了解所要学习的内容。

(二)自主监控策略

自主监控策略主要针对的是学习任务的完成过程,表现为学生对自身语言的理解和语言行为的核查、确认或修正。具体来说,自主监控策略主要包括以下两个方面的内容。

1.自我监控

自我监控策略指的是学生在完成任务的过程中检测、证实或修正自己对所学内容的理解或调整自己的语言行为,包括计划监控、输入监控、输出监控、策略监控、理解监控、视觉监控、语体监控、听力监控等。

对自身学习行为的监控能够反映出学生元认知水平的高低。学生可以通过监控策略的使用,核查自身的预测是否符合现在的学习内容,从而认识到现阶段所使用的学习策略是否有助于学习任务的完成,最终提高自己的推理能力。

2.发现问题

在自我监控的基础上,发现问题指的是学生发现学习任务完成过程中需要解决的问题。

这是一种有效的自我监控手段,不仅能够促进学生语言运用能力的提高,而且有助于学生解决问题能力的发展,对于学生语言策略的使用也大有裨益。

(三)自主评价策略

自主评价策略发生在学习任务结束之后,指的是学生在教师的引导下对自身任务完成情况进行的评判,主要包括知识掌握的完整性、准确性以及任务完成中的不足等。利用自主评价策略能够巩固课堂所学知识。

具体来说,自主评价策略可以利用学生个体活动、学生间合作活动、教师主导活动的方式进行。学生的自主评价包括以下方面。

(1)输出评价。任务完成后核查自己是否完成了学习任务。

(2)策略评价。评判自己在完成学习任务中策略的使用情况。

(3)语言行为评价。评判自己在任务完成过程中的表现。

(4)能力评价。评判自己完成学习任务的能力。

(5)语言掌握评价。评判自己对目标语本身的掌握情况,如对概念、短语或句子的掌握。

(6)延伸活动。学生得到更多的机会来对所学的新概念和技能进行揣摩,将这些概念和技能融入自身原有的知识系统中,并将其运用到现实的语言情境中。同时,学生在评价的过程中也得到更多的机会,进一步对自身的较高层次的认知技能进行发展,如演绎某个概念的新用法,分析某个学习行为的组成部分,等等。

四、自主学习在英语读写一体化教学中的应用

自主学习在英语读写一体化教学中有着重要的应用。在具体实践过程中,读写是基础,自主学习是延伸,两者共同服务于英语教学工作,从而有效提升学生的英语综合应用能力,尤其是读写能力。[①]

(一)自主学习在英语读写一体化教学中的应用原则

自主学习在英语读写一体化教学中的应用需要遵循一定的原则,具体表现为以下几种。

---

① 刘智慧.英语读写一体化教学模式探究[M].北京:中国书籍出版社,2018.

1. 循序渐进原则

循序渐进原则主要指的是教师对教学的监控,要求教师在适当的教学方法下,分层次、多步骤地提升学生的读写能力。

(1)教师要帮助学生建立起自信心,做到情感方面的自主,有效激发学生的读写学习动机。

(2)在读写一体化教学过程中,教师要引导学生学会积极、自觉地进行学习,充分发挥学生的主观能动性,尽量使学生尝试自我调控学习,让其自己把握阅读和写作的方法、节奏和进程。

(3)在读写一体化过程中,教师给予学生充分的时间、空间,敢于放手让学生进行独自学习,让学生自己亲身去感受、体验、观察、分析。在这一过程中主动掌握知识,提高阅读的自主学习能力,假以时日便可不再依赖教师,从而真正形成自主学习。

2. 创设氛围原则

教学氛围与学习氛围对学生自主学习能力的培养影响深远。在英语读写一体化教学模式的应用中,也需要注意创设氛围原则的应用。

(1)教师在教学中需要重视发扬民主教育观念,重视学生主体地位,同时在教学活动的设计上重视培养学生的阅读、写作自主能力。

(2)教学过程中,教师需要引导学生进行自主的读写学习。这需要教师按照学生的认知规律与认知水平进行教学思考,按照学生的思路设计问题。

3. 自主调控原则

在培养学生自主学习能力的过程中,自我调控是其中的一个重要环节。自我调控能力的培养需要教师根据学生的性别、年龄、学习能力、自控能力等方面的不同,选择恰当的切入点,进行持续的培养和训练。具体而言,教师需要注意以下几个方面的内容。

(1)教师要帮助学生改变自身被动的学习态度,帮助学生克服读写过程中的困难和畏惧情绪,让学生主动发挥对于读写的兴趣和采取积极的行动。

（2）对学生加强学习计划性方面的指导。在读写过程前制订合理的学习计划可以帮助学生养成良好的阅读、思考习惯，同时提高他们对自我的监控能力。

（3）教师要学会引导学生及时反思读写学习过程中的优势和不足之处，从而合理调整学习方法和策略，增强读写过程中的自我意识。

4.扩大词汇数量原则

在英语读写一体化教学中，词汇掌握数量对教学效果和学习效果都有着重要的影响。当学生有着充足的词汇量时，就很容易展开有效的自主读写活动，可见词汇量是制约我国英语读写一体化教学模式应用的重要因素。鉴于此，教师可以通过以下几个方式提升学生的词汇数量。

（1）词汇卡。教师可以为学生制作词汇卡，当然学生自己也可以制作。词汇卡轻便快捷，便于携带，学生可以随时随地利用词汇卡学习和掌握词汇。

（2）掌握构词法。英语单词具有独特的构词方法，如前缀、后缀、词根等，学生需要系统掌握这些构词方法，这将十分有利于学生建构自己的词汇系统，如此才能获得更大的词汇量。

（3）合理使用词典。英语单词的学习和理解离不开词典这一重要工具，学生在写作过程中需要多借助词典来全面把握自己所遇到的每一个重点写作词汇。

（4）将阅读与写作有效结合。阅读与写作之间具有密不可分的关系，学生在阅读过程中可以获取很多的词汇输入，对于写作水平的提高具有很大的帮助。

5.提高语法水平原则

中国学生的英语语法学习一直不理想，这早已成为一种不争的事实。大部分学生在写作中都会出现或多或少的语法错误，这导致他们无法正确表达自己的思想内容。可见，想要培养学生的英语读写自主学习能力就必须重视学生的语法学习。为了提高学生句子层面的语法水平，教师可进行如下方面的操作。

（1）鼓励学生自己准备语法书。教师引导学生按照语法书上的内容系统地学习语法，尤其是熟悉句子的各种类型。平时要指导学生进行多朗读、多背诵，使学生形成良好的句感。

（2）为学生安排一些简单的翻译练习。学生通过翻译练习可以真实掌握英汉语句式之间的异同，在写作句子时便会有意识地避免一些中式句子的出现。

（3）让学生熟悉优秀句子的特质。一个良好的英语句子通常在内容方面统一，在意义方面连贯，在语句方面简洁，在句式方面多变。熟悉了优秀句子的特质，学生在写作过程中就会留意自己所写的句子，尽量使所写句子具备这些特质。

（二）自主学习在英语读写一体化教学中的应用方法

1.教学思想上的应用

教学思想决定了教学模式中不同要素的定位。将自主学习应用到英语读写一体化教学模式中，读写是基础，自主学习是延伸。

传统英语教学重视词汇、语法等基础知识的教学，虽然有一定的弊病；但是对整体英语教学来说仍然是十分必要的。在读写课堂上，利用阅读可以让学生获得大量语言输入，教师有步骤、有计划地进行教学，可以为学生写作语言的输出打下良好的基础。

新的教学模式应以现代信息技术，特别是网络技术为支撑，使英语教学不受时间和地点的限制，朝着个性化学习、自主式学习发展。大学英语自主学习中心或语言学习中心在这方面发挥着特有的作用。

（1）自主学习是学生课堂知识巩固与延伸的有效方法。学生的自主学习，不仅是对课堂中知识的建构与运用，同时也是对原有图式知识的吸收与同化。[1] 这个过程不仅能够让学生对已有知识进行顺应，同时还有助于学生形成新的图式知识。

（2）自主学习时学生学习策略的运用与延伸的有效方法。学习策略的

---

[1] 田艳.智能化英语自主学习［M］.北京：外语教学与研究出版社，2018.

运用是进行自主学习的必要条件,但是需要注意的是,学习的过程并不是学习策略的简单重复,而是循环往复、螺旋上升的,最终达到任务的完成。

2.教学环节上的应用

自主学习在英语读写一体化教学模式中的应用体现在教学环节上主要包括课堂教学、自主学习和教学评价三个方面。

(1)课堂读写教学,即按照自然班级上课,教师展开教学,教学中保证教师知识传授与学生自主学习在学时上平衡,从而有利于学生读写能力与自主学习能力的发展。

(2)自主学习活动主要包括学习时间、进度、内容的自主性,学生可以按照自己喜欢的方式进行学习,带有充分的自主性,这样有利于学生学习兴趣和学习积极性的提高。需要指出的是,学生学习上的自主是在教师指导下进行的,可以按照必选内容和自由选择内容进行划分。必选内容指的是与课堂教学活动配套的内容或者教师为学生布置的课堂知识的补充任务。自由选择内容则指的是学生依据自身的爱好兴趣、语言水平、学习风格进行的内容选择。

(3)教学评价是自主学习应用于英语读写一体化教学模式的重要环节。由于学生在这种教学模式中有着一定的自主,因此利用评价对学生自主学习内容展开测试与评价成了教师了解学生学习情况的有效手段。

随着英语教学改革的推进,不同的教学模式应运而生。不同的院校需要结合自身特点探索适合本校实际的教学模式,从而更好地为提高学生的英语综合能力服务。

第二节　合作教学法

合作学习是一种富有创意性和时效性的教学策略,其通过小组成员之间的相互合作促进英语学习。这种学习方式会缓解学生的心理压力,改善英语课堂教学气氛,从而有助于英语读写一体化教学模式的实施。

合作学习在英语读写一体化教学模式的实施过程中需要教师转变自身角色,建立切合学生学习条件的评价机制,真正提高学生的英语学习水平和整体教学效果。

一、合作学习的定义

合作学习是在 20 世纪 70 年代初期的美国兴起的,并在 20 世纪 70 年代中期到 80 年代中期取得了实质性的进展。

相关研究表明,合作学习能够缓解学生的心理压力,改善课堂教学氛围,帮助学生提高英语学习效果,促进学生良好品质的形成。在上述作用的带动下,合作学习得到了世界各国教育界的广泛关注,并且成了当代主流教学理论与策略之一,被人们誉为"近十几年最重要、最成功的教学改革"。

合作学习体现了人类的社会性特征,因此很多学者并不只是将其作为学习方式展开研究的。人类的社会性表现最明显的特征就是合作。广义上的社会性指的是人在社会活动中所表现出来的特点。狭义上的社会性指的是人对他人或者某一群体所表现出的一些行为。人类社会形成的基本条件就是合作,这是人类社会形成的本质。同时,合作也是人类内在的需求和基本属性之一。

很多学者都对合作学习的定义进行了阐释。

美国教育心理学家罗伯特·斯莱文认为,合作学习就是学生小组合作开展学习活动并以小组的整体表现赢得奖励和认同的课堂学习方法。[①] 美国明尼苏达大学"合作学习中心"的约翰逊兄弟指出,合作学习就是在教学上运用小组,使学生共同活动,以最大限度地促进他们自己以及他人的学习。[②] 我国学者王坦指出,合作学习的目的是促进学生在小组中的互相帮助和互相进步,从而实现共同的学习目标,进而通过小组整

---

① 段兵兵.合作学习视角下的高中英语课堂自主学习[J].现代教育科学,2013(04):61-63.

② 郑笑然,合作学习在英语教学中的实施办法研究[J].赤峰学院学报(汉文哲学社会科学版),2020(05):112-117.

体成绩来获取奖励,是一种教学的策略体系。章兼中教授提出,应该"大力发展相互协作、合作的小组活动","课堂教学中师生交往的形式是多种多样的,但学生间和小组间的交往尤为重要"。①

合作学习的含义很广泛,既包括协作学习,也包括小组学习等方式。但是,无论其采取什么形式,都强调集体性任务的完成,在合作学习的过程中,教师需要充分放权,作为学生学习的指导者展开具体教学实践。

需要注意的是,合作学习小组的形式一般都是异质的。广义上的合作学习中,组员在教师的指导下完成不同的教学任务与教学目标。小组合作可以在课堂内展开,也可以在课堂外进行,每个组员都承担自己的一部分责任,小组成员间共享资源,从而促进问题的解决。合作学习的基本要素主要包括以下几个。

(1)小组成员之间积极地相互依赖。

(2)小组成员之间进行直接的建设性交流。

(3)教师对小组整体以及小组成员进行成绩的评定。

(4)小组任务的完成需要使用合作性技能。

(5)小组展开自我评估。

合作学习不仅可以促进学生快速完成学习任务,而且可以帮助他们积累知识并增长技能,有利于学生思维能力、自尊心、自信心等的培养。

二、合作学习的特征

合作学习是相对于个体学习而言的,其是一种新型的学习方式,同时也是教学的重要组织形式之一。具体来说,合作学习的特征包括以下几种。

(一)竞争性相对弱化

在传统学习方式中,学生之间的关系往往是一种竞争关系。然而,合作学习中的成员关系则具有较强的互助性,竞争性相对弱化。这种类型的小组成员关系可以大大提高小组成员共同进步的自信心,帮助小组成

---

① 潘华方.任务型教学模式在英语教学中的实践探讨[J].科教导刊(下旬刊),2020(11):113-114.

员提高一定的领导能力。

根据教育学家约翰逊的看法可知,在学习过程中,学生在合作关系中更能取得良好的成绩,比竞争关系强很多。在传统学习模式下,竞争关系导致很多学生对学习没有太大的兴趣,自信不足,更无法感受到获得学习成果的喜悦心情。竞争关系下的学习方式阻断了学生之间知识的交流,有些学生对自己不自信,完全不敢表达自己的想法,更不能与其他同学展开学习方面的交流。

与此不同的是,合作学习可以为学生营造良好的学习氛围,促进学生之间的积极沟通与交流,通过小组合作这一方式,学生可以发现自己在学习中所具有的优点,并改掉缺点,掌握其他同伴更加科学的学习方法,帮助自己的学习。此外,学生之间可以取长补短,共同进步。

合作学习不只是限于同组成员之间的交流,还可以展开小组与小组之间的交流,从而实现信息共享的最大化。通过对比不同小组成员的观点,学生可以大大扩展解决问题的角度和视野,激发自己对新知识和新技能的渴望,增强学习的积极性。

(二)团队意识较强

合作学习可以大大减少学生之间的竞争,培养他们的团队意识,让他们共同进步和发展。在合作学习的过程中,小组成员需要共同思考,通过分工合作来完成学习任务。可见,小组整体任务的完成建立在每一位小组成员任务完成的基础上。如此一来,每一位成员都会对自己的任务比较重视,在完成过程中尽职尽责。

通过合作学习,学生可以体验集体智慧所带来的巨大成功,分享成就感带来的喜悦心情。事实上,合作精神对于学生的学习以及未来的工作都是很有益处的。

合作学习十分重视小组成员的进步与提高,小组成绩同样是通过小组成员的合作来实现的,这样可大大减少单个学生面对失败时所产生的恐惧和焦虑心情。另外,小组合作可以促进学生之间展开学习意见的交流,完成任务同样需要小组成员发挥集体智慧,如此不仅可以满足完成任务的要求,而且可以丰富小组成员的视野和知识面。

因为不同的学生往往具有不同的思维模式,在解决问题时所产生的看法和意见也是不同的,通过合作,学生可以开阔自己的思维、丰富自己的知识,在互帮互助中增加了解、增进感情。

(三)激发学生内在潜能

通过合作学习,同组成员之间的竞争大大减少,小组之间的竞争得到增强,这样可有效激发学生学习的内在潜能。在此过程中,教师可以鼓励学生开放和培养多种能力,促进知识结构的多样化,从而最大限度地满足小组对不同知识的需求。

通过小组竞争,学生可以激发自己对学习的热情,为了小组的荣誉积极出谋划策。自己对小组的贡献一旦得到同组成员的认可,那么可以激发学生对学习的积极性。

在合作学习的过程中,小组成员为了完成小组任务,会通过讨论合理分配任务,每一位小组成员都会提出创新、建设性的意见,进而通过分工合作,调动小组成员的积极性,实现小组学习任务完成过程中具有创意,激发学生的内在潜能。

三、合作学习的理论基础

合作学习的产生与发展是科学理论指导下的结果,下面主要介绍动力理论、选择理论以及约翰逊合作原则。

(一)动力理论

动力理论是由格式塔心理学提出的,其将合作小组看作一个动力整体。小组的统一目标是能够给小组成员带来一定的学习动力。

动力理论认为,小组内不同成员的利益是相互联系的,同时组员之间存在着一些良性竞争,这些竞争能够提升组员学习的动力,从而有助于小组共同利益的达成。

组员之间是相互影响的关系,主要表现为组员的努力程度和学习状态。只有小组内成员都将自己的能力和努力发挥到最大程度,才能最大限度实现小组学习目标。

(二)选择理论

美国心理学家威廉·哥拉斯创造了选择理论。他认为人的一生有多种需要,如合作的需要、归属的需要、与人分享的需要、爱的需要以及关心他人的需要,人们会尽量去实现它们。

而合作学习正好满足了这些需要,因为成功的合作学习某种程度上会使人获得归属感、爱以及分享的喜悦。需要的满足才能带来幸福的、有质量的生活。

(三)约翰逊合作原则

合作学习的原则表现在以下五个方面。

第一,学生需要认同小组成员,对彼此有需要感,从而完成小组任务。

第二,学生能通过总结、提供和接受各种解释以及详述之前的学习经验来达到交互作用和口头交流。

第三,学生能各自学习语言材料从而帮助组内成员学习语言材料。

第四,学生需要练习必要的社交技能,从而保证小组任务的顺利完成。

第五,小组合作过程中必须给予学生机会去分析小组更好运作和社交技巧运用的方法。

合作学习的提出将生生互动提到了前所未有的地位,同时成了重要的教学步骤,对于科学利用、充分开发人力资源有着积极的影响,为现代教学系统注入活力,符合英语教学改革的需求。[①] 这种教学方式将教学建立在了更加广阔的交流背景之上,对于学生更好地认识教学本质、了解自身的主体地位、建立良好的师生关系具备深远的指导意义。

四、英语合作学习的类型

合作学习主要由小组活动、相互支持、组员间的人际交往技能三个要素组成。

----

① 张丽丽.基于合作学习理论的英语专业教学实践研究[M].北京:中国纺织出版社,2021.

1. 小组活动

没有小组活动就没有合作学习。小组活动,是指小组有明确的学习活动时间、明确的学习活动目标、明确的学习活动任务,各个组员间有明确分工的学习活动。

2. 相互支持

组员间的利益是联系在一起的,每个成员的学习行为都会对整个小组的学习造成不可忽视的影响,因此组员之间必须在心理、资源等方面相互支持,才能使整个小组的利益最大化。

3. 组员间的人际交往技能

良好的小组氛围影响着学习目标的实现,因此组员应该掌握一定的人际交往技能以便创设良好的氛围。这就要求组员之间彼此信任、积极沟通以及正确地处理冲突,这些都是人际交往技能的表现。

在上述三个要素的影响下产生了三种不同类型的合作学习小组:正式合作学习小组,可以用来教授具体的学习内容;非正式合作学习小组,可以用来确保学生们在听课时能做到对信息进行积极的认识加工;基层小组,可以用来对学术上的进步提供长期的支持和帮助。任何课程布置的作业都可以通过采用合作小组的方式来完成。下面对合作学习小组进行具体介绍。

(一)正式合作学习小组

正式合作学习小组指的是教师按照科学的分组方式进行的小组划分,是用于教授具体内容的学习小组。在这种小组类型中,学生通过和他人的合作,使小组成员的学习达到最大化。

具体来说,教师需要做到以下几点。

(1)确定学习小组的人数,并对学生进行分配。

(2)指导学生掌握和运用相关概念、原则与策略。

(3)布置小组内要合作完成的任务。

(4)检查学习小组的学习过程。

(5)利用一些写作技巧和学术知识对小组任务完成过程进行干预与

指导。

(6)评估学生的学习效果以及小组运作情况。

(二)非正式合作学习小组

非正式合作学习小组可以用来确保学生在听课时能够做到对信息的积极认知与加工。

在非正式的合作学习小组中,教师应该做到使学生关注学习材料,进入学习状态,确定对授课内容的期望,确保学生对所学材料进行认识加工,并对一节课作小结。学生可以用 3～5 分钟的讨论来总结他们所了解的主题,这个主题是在课前或课后的焦点讨论设置的。这几分钟的讨论可以被穿插在整个授课过程中。

(三)基层小组

基层小组是为学习进步提供长期支持和帮助的小组形式。这种小组类型可以在学习过程中给学生提供所需的支持、鼓励和帮助。

基层小组的成员可以每天碰面。他们的关系是持久的,彼此间能提供长期的相互关心。这种关心对组员在大学里能坚持不懈地学习是十分必要的。采用基层小组的学习方式可以极大地提高听课效率,使所要求的学习任务和学习过程个性化,并提高学习的质量和数量。班级或大学的规模越大,教学的内容越复杂或越困难,成立基层学习小组就越重要。

五、英语合作学习的步骤

(一)进行合理的分组

合理分组是进行英语合作学习的前提。由于合作学习也就是通过小组之间的相互配合展开学习,因此合作学习展开的前提是对学生进行合理的分组。

分组过程中需要教师进行仔细考量,重视小组成员之间的安排,最终最大限度保证小组成员在知识、兴趣、能力、性格方面都能更加多样化。多样化的小组成员能够均衡小组结构,最终帮助小组成员间展开学习与竞争。

合理分组需要遵循组间同质和组间异质的原则。在这两个原则的指导下,小组成员的知识水平才能更加具有层次性,知识较为丰富的学生可以帮助指导知识掌握不充足的学生,从而促进小组任务的顺利完成。学生之间的互相帮助还能够促进学生课堂的参与性和积极性,有助于整体学习氛围的形成。

(二)策划与提出问题

策划与提出问题是小组合作学习的重要设计步骤之一。教师在策划小组任务时需要考虑学生的整体情况,使任务具备很强的操作性。

教师问题的设置需要遵循开放性、讨论性的原则,可以在课前根据教学内容进行任务的合理安排。教师还需要对合作学习小组任务的完成时间进行规定。

在任务完成过程中,教师起着重要的指导作用,需要帮助学生制定具有一定难度的小组任务。这样,小组之间能够进行互相学习,成员之间也能充分转动脑筋,发挥互帮互助的精神。

(三)控制合作的实施

在合作学习时,各个小组完成任务呈现出阶段性特点。在每一个阶段,小组的学习任务是不同的,教师需要对这一过程展开控制。

在初始阶段,小组的各个成员需要积极讨论和研究任务,每一位成员需要独立思考问题和任务,在这一过程中促进创造性思维的扩展。在此基础上,小组成员之间开展交流,将所有成员的意见和想法进行汇总,并对这些内容进行讨论,最终形成小组的统一观点。

另外,每一个小组还需要一个小组代表或发言人,以便将自己小组的任务结果陈述给教师和其他小组。

最后,全班的各个小组在教师的指导下展开交流,实现小组之间信息的沟通,在这一过程结束之后,教师要对各个小组学生的表现给出自己的评价。

(四)进行效果的评价

对合作的最终结果进行评价并不是一件简单的事情,其中涉及很多内容。

首先,学生的学习过程、学习结果需要教师给出合理的评价。其次,小组各个成员的表现需要教师给出恰当的评价。最后,对班级里一些表现优秀的小组给出一定的评价。这可以让学生意识到合作小组是一个集体,每位成员想要实现自己的个人目标,就必须依赖整体目标的实现,从而培养学生建构较强的合作精神以及合作学习能力。

六、合作学习在英语读写一体化教学中的应用

英语学习是语言习得的过程,学生利用一定的语言情境才能完成这一过程。合作学习通过小组成员间的相互协作来帮助学生提升语言交际能力,有利于参与者学习成绩的提高,也有利于其思维能力、自尊心、自信心、社交能力等的发展。下面就合作学习在英语读写一体化教学中的应用展开分析。

(一)合作学习与读写活动的关系

英语阅读是学生汲取语言知识、提高语言表达能力、掌握文章写作手法的有效途径之一,属于语言输入。阅读需要学生进行大量的自主阅读,从而提升阅读水平。同时,阅读还可以通过与他人进行合作学习提高与加强。利用合作学习的方式展开阅读能够提高学生对文本的分析与判断能力。

英语写作是学生语言能力的重要表现方式,同时也是英语语言的重要技能之一。从一定程度上说,英语写作能力的提升是英语语言能力和应用能力的表现,属于个人行为。但是由于我国很多学生对写作有一定的畏惧心理,因此写作教学一直达不到理想的效果。小组合作学习可以帮助学生缓解写作的紧张、恐惧心理,让学生利用写作表达自身的想法。由此可见,写作能力的提高也和合作学习密不可分。

综上所述,将合作学习应用到英语读写一体化教学模式之中很有必要,对于学生读写能力的提升以及整体语言水平的提高都大有裨益。

(二)合作学习的普遍应用方法

1.参加研讨

在完成某一阶段的教学任务后,英语教师需要通过总结回顾对自己的教学实践做出判断,包括英语教学设计是否合理、教学过程是否顺利、教学目标是否适用于所有学生、自身教学行为是否能够调动学生的积极性以及教学策略是否有利于教学目标的实现,等等。

教学总结回顾利于提升英语教学实践的合理性,是提高英语教师教学水平的有效途径。学者理查德和洛克哈特从教师和学生两种不同的视角以自问的形式对教学总结回顾进行了描述,[①]具体内容如表3-2所述。

表3-2　教学总结回顾

描述视角	描述的内容
教师视角	(1)教师的作用。 (2)怎样收集有关教学的信息。 (3)我是一名什么样的教师。 (4)如何使语言表达方式更有利于教学。 (5)评价教学的标准。 (6)教与学的观点是什么,观点的来源及影响。
学生视角	(1)学生如何理解教与学。 (2)何种学习策略受学生喜爱。 (3)何种教学活动受学生喜爱。

纽南从教师的语言、行为、备课和课堂结构、教学内容、学生行为等方面归纳了可以对教学总结进行回顾的问题:

教师语言:①教师的语言表达要清晰。②教师对启发式教学的运用。③教师经常对学生给予肯定。④教师时刻注意学生的理解情况。⑤课堂教学中教师讲得多,学生参与少。⑥解释问题时语言清晰。

教师行为:①对某些活动时间的安排应该延长。②教师对困难问题讲述太快。③与其他教师的区别。④教师对学生控制和约束太多。

备课、课堂结构:①充分备课。②教学目标不清楚。③依据课程计划完成教学任务。④学生的思考时间应该延长。

---

① 张鑫.英语教学的理论与实践[M].北京:知识产权出版社,2012.

内容：①学生对话题是否感兴趣。②文化知识的输入。③文化背景知识的传授。

学生行为：①学生对教学目标是否清楚。②学生相互合作，共同进步。③鼓励学生的自我纠正。

在具体的英语教学过程中，教师和学生应该增加沟通与交流，对教学与学习过程进行总结与回顾，从而更好地展开后续的合作学习活动。

2. 科研小组

在传统英语教学中，学生的学习状态比较被动。但是，随着经济和社会的发展以及跨文化交际的不断推进，学生面临着新的要求和挑战，学生除了要具备基本的语言水平之外，还需要具备较强的科研素质和学习。在教学中可以通过组建科研小组的方式锻炼学生的思维，提升其钻研的能力。

(三)读写教学中合作学习的针对性应用方法

1. 建立与完善合作学习系统

英语读写合作学习的基础在于合作学习系统与流程的建构，要想保证这一步骤的完善，首先就需要了解当前英语教学的特点，可以设置一些基本的模块。

(1)建立并完善教师引导模块。在合作学习过程中，教师的引导与组织是首要条件。具体而言，教师引导模块可以保证合作学习在教学范围内与实际相符合，同时为合作学习提供有力支持，如设置教学目标、导入课堂、为合作学习中学生的问题进行答疑，等等。

(2)建立并完善学习模块。在合作学习中，学习模块是其核心。一般来说，教师需要提前对教学进行组织，然后让学生进行合作，或者组成小组，之后教师根据每一个小组的情况布置写作课题，最后小组通过讨论，反馈讨论结果，完成初步成果。

(3)建立并完善监控及求助模块。在合作学习中，监控与求助模块有着十分重要的作用，有助于提升合作学习小组的写作质量和进度，保证读写的进度。但是，在开展监控与求助之前，教师需要从小组的具体情况出发。一般来说,求助模块有助于合作小组成员避免读写障碍的发生,如果遇到读写障碍,合作小组的成员可以求助小组内其他成员,如果有必要,也可以向教师求助。

2.加强读写网络平台的构建

与传统的合作学习模式相比,英语读写合作学习的网络化可以大幅缩短读写教学的时间,具体来说表现为如下两点。

第一,学生在基本的课堂教学与讨论之外,还可以在合作学习的网络平台上展开随时性的合作学习,也可以对学习中遇到的常见问题展开诊断,从而大幅提升学习的时间维度。

第二,通过网络平台,教师可以定期发布在线读写资源、英语读写知识等,从而供学生进行参考与下载,也可以将近期的题目与安排公布出来,便于学生进行自主选择与合理安排。

另外,网络平台中的留言、在线交流、E-mail 等形式的运用,冲破了时空限制,通过网络,学生与教师或者小组内其他成员之间展开互动。可见,网络平台的建构可以帮助教师与学生之间、学生与其他学生之间加强联系。同时,学生也可以通过网络进行数据分析,从而构建属于自己的读写数据库,便于教师仔细分析和研究学生读写学习中的问题,并就这些问题给予学生一定的帮助。

3.丰富英语读写合作的形式

要想使英语读写合作的形式更加丰富,也可以采取以下措施。

(1)从题材选择上入手,让题材与现实更加贴近,如选择学生比较有兴趣的话题或当前的热点,这样有助于激发学生的读写兴趣和积极性。

(2)教师可以引导学生看一些诸如 *Heros*、*Lost* 等的美剧,然后组织学生对观看的美剧进行讨论,或者写观后感。

(3)如果条件具备,教师还可以让学生就读写的内容进行话剧表演,然后让其他学生在观看过程中给予具体的意见,并对不同小组的表演情况展开对比与分析。

很明显,上述这些方式都比较有趣味性且生活化,学生在此过程中会不断提升自己的读写水平与能力。

可见,合作学习在英语读写教学中是非常有效的方法,如果教师能够将上述这些合作学习方法与读写教学结合起来,那么必然会提升学生的英语读写水平。

(四)合作学习应用到英语读写一体化模式中的注意点

在将合作学习应用到英语读写一体化教学模式中时,需要注意以下几个方面的内容。

1.灵活应用合作学习方法

在阅读教学中,合作学习主要包括意义协商、问题解决等内容。教师应该针对具体情况,注意设计和合理安排学习活动,从而激发学生兴趣,提高学生的学习效率。[①] 例如,对于阅读教学可以展开小组讨论,让小组成员进行结构分析,等等。

由于英语阅读教学受到课堂时间的限制,课外阅读又缺乏一定的阅读环境,在学生选择课内外阅读资料时,教师可以协助学习小组做出选择,并给予学生一定的指导,帮助小组以阅读内容制定阅读策略。在完成阅读材料之后,小组成员可以就阅读中遇到的疑惑进行讨论,从而丰富自己的阅读技巧。

写作是英语语言输出的重要表现,在写作教学中可以展开合作学习的方式。利用合作学习可以提升学生的写作欲望,让学生将写作变为一种思想和心灵的表达出口。教师可以给学生列出几个写作题目,然后让学生就写作题目进行阅读并写作,从而真正落实读写一体化的教学模式。

2.转变教师的角色和作用

在合作学习中,学生以小组为单位进行学习任务的展开,是学习的中心和主体,此时教师所承担的是指导的作用。教师应该充分了解合作学习以及合作学习活动中教师的职责,不断调整自身角色,变为教学活动的指导者和咨询者,引领和帮助学生解决合作学习中的问题,保证学习过程

---

① 陈则航.英语阅读教学与研究[M].北京:外语教学与研究出版社,2016.

的顺利进行。

具体来说,在阅读教学中,教师应该注意问题的难易程度,将合作学习是否有助于提升学生的读写能力作为衡量的尺度,努力挖掘小组的闪光点。在写作教学中,教师应该注意扮演好主持人和协作者的角色,重视师生互动和生生互动,为学生提供及时、有效的引导与服务。

3.建立学生能力评价机制

评价机制的建立有助于教师更好地了解小组合作学习的开展以及小组成员的参与情况,同时还有助于学生进行自我评价,提升自身学习的积极性。

英语读写活动中的合作学习带有一定的特殊性。开展合作学习之前制定出适当的评价机制有助于合作学习的展开。除此之外,评价机制还有助于教师更加客观、公平地评价小组活动。

个人责任与同伴互信是评定合作学习小组以及小组成员学习活动的重要依据,这两种思想是相辅相成的。教师可以根据合作学习活动的开展以及小组任务的完成情况对学生的表现展开评定。

合作学习是较新的教学理论与策略,对于英语读写一体化教学模式的展开有着积极的促进作用。在英语教学改革以及读写能力的提升过程中,也需要正视合作学习的深远影响,从整体上提升学生的英语学习能力。

第三节　体裁教学法

一、体裁教学法

体裁教学法是以体裁为基础的教学方法,具有许多不同特点。下面将从体裁、体裁教学法以及体裁教学法教学模式三个方面进行详细介绍。

(一)体裁

体裁最早起源于"Genre"一词。近年来,许多语言学家开始关注这个词,最初它是"种类"的意思,随着其发展,国内学者开始对其进行解释,如

"体裁""语类"等,笔者选用其"体裁"的含义。与此同时,国外学者对体裁概念有不同的定义。

约翰·M.斯瓦尔斯认为,体裁是包括一系列具有共同交际目的的交际活动。[①] 语言体裁的范例是可以随着其原型的变化而变化的;体裁所具有的理论依据对其语篇的内容和形式都起着制约的作用,属于同一交际社团的或者同一领域的人都会承认并且尽力遵守这种制约性;交际行为的组织,无论是否适当和成功,部分取决于其对体裁掌握和应用的熟练程度。

根据斯瓦尔斯的观点,巴蒂亚认为:①体裁是具有交际性的事件,并且可以辨认;②体裁又不是简单的交际性事件,其内部结构特征鲜明,并且有惯例性;③在进行文章建构时,必须按照特定体裁的具体要求;④虽然特定体裁有自己的实践和约束,但内部人仍然可以在框架内传达他们的个人意图或交际目的。

马丁认为,体裁是一种作为我们文化成员的说话者的步骤的,有一定既定目标的,有一定目的的行动。

埃金斯把体裁定义为使用语言实现的有目的的活动,认为体裁与社会行为具有相关性,且呈正相关。

艾亚·文托拉也认为体裁是一种具有可识别步骤的交际过程,并且具有常规性。

中国学者秦秀白的"体裁"是话语特征的重要组成部分。在解释对话或文本时,如果我们只注意话语的连接或句子间关系,我们就会忽略话语的宏观结构分析,忽视话语类型的社会功能和交际目的,我们很难有效地和交际地使用英语。

综上所述,不同学者对体裁概念的界定在本质上具有相同之处,表现在几个方面。

(1)交际目的具有决定性。不同的交际目的决定着不同的文本文体、

---

① 张艳.体裁分析应用研究综述[J].现代交际,2019(17):51－52.

文本语言和文本内容,等等。

(2)体裁的常规性。体裁是一种具有重复性和习惯性的工具。

(3)同一类型文本之间存在差异。体裁虽然有常规性特点,但是由于文化因素等的不同,同一体裁语篇之间也会存在差异。

(二)体裁教学法

体裁教学法是在上面论述的体裁和体裁分析理论等理论框架下逐步发展不断完善且日臻成熟的一种教学方法。它出现较晚,是 20 世纪 80 年代随着体裁理论的发展而出现的。虽然后来出现,但体裁教学方法发展迅速,在 ELT、EST、EF、EAP 和 ESP 等领域的写作教学中得到了广泛的应用和认可。

体裁教学法就是有意识地在英语课堂教学中教授学生进行体裁分析的方法,通过引导学生对不同体裁的文章进行理解和分析,形成不同的结构和语言图式,储存在脑海中,最终形成长时记忆,为学生以后的学习做好准备,打下基础。[①] 它的目的,第一是帮助学生理解文章的表面意义,如文章结构和文本语言等;第二是帮助学生认识到语篇的深层意义,也就是文章的社会背景等;第三是帮助学生掌握规则,为学生接下来理解或创造属于同种类型的文章做铺垫。

体裁教学法在发展的过程中出现了三个代表性流派:专门/学术用途英语学派、新修辞学派和澳大利亚学派。他们的观点各不相同。

专门用途学派认为,对于语篇而言,不管是口头语形式或者书面语形式,它们都是有特定目的和特定对象的交际性事件;因此它们在文本文体、文本语言、文本作用等不同方面都具有不同却有规律的特征。

新修辞学派在研究过程中,以新的研究角度来分析应用体裁教学法,一方面并不拘束于体裁的结构,另一方面则从社会角度出发,对具体语篇背后的社会行为和目的进行重点的研究,研究对象更多地侧重于大学生和刚入职的新人。

---

① 王少凡.体裁教学法理论评述及在大学英语教学中的应用[M].天津市:天津科学技术出版社,2016.

澳大利亚学派的研究对象是中小学生和成人教育中的语言学习者，在澳大利亚，教师运用体裁教学的方法引导学生进行不同体裁文章的写作，通过具体介绍他们在未来可能会遇到的写作体裁进行日常的写作训练，最后学生能够根据不同体裁的特点进行有规律的写作。

(三)体裁教学法教学模式

在将体裁教学法应用于具体的教学实践过程中，众多学者根据相关理论和具体教学实际提出了不同的教学模式，下面是对其在写作教学中应用的阐述。

黄东华在进行大学英语写作教学时，开始使用澳大利亚学派体裁教学法，她的教学模式共分为三个部分：①范文分析，协同创作语篇和独立创作语篇。范文分析阶段分为两个步骤：第一步比较分析在不同文化环境中相同语境和语境中语篇语言的使用之间的异同，讨论语言中描述的活动和事件以及所涉及问题的基本情况。第二步是建立相关体裁类型的语篇模式，即进行语篇分析，需要注意的是对同类型语篇的分析，而所提供的范文只是该体裁的其中一个例子而已。②在协同创造阶段，将第一段的结果应用于实际活动，包括"合作准备"和"合作建设"两个步骤；在这个阶段，主要通过提问，给学生指导和开展小组合作活动来掌握语类的结构和步骤；了解有关语篇功能的更多信息，获取相关类型的词汇和语法知识，然后让学生进行试写，以提高学生的实际写作能力。③独立创作阶段主要由"准备独立创作语篇""个人进行创作""与教师、同伴等的协商""编辑、修改、评价话语"以及"创造式利用语篇"几个步骤组成，并且以学生已掌握相关主题、语类结构以及相应词汇语法模式为教学前提。

梁文花、康淑敏在讲授大学英语写作课的过程中，开始尝试运用体裁教学法。她所采用的教学模式包括"示范分析""共同协商写作"和"独立写作"三个阶段。在示范分析阶段，首先是阅读教师提供的范文，然后在教师的引导下，采用体裁分析方法，分析文章的体裁结构、语言特点和社会背景，为接下来的写作打好基础。在共同协商写作阶段，利用教师在课堂上的主导作用，由教师带领学生写新的文章，将学生进行阅读、观察、调查和讨论的结果展示出来,形成一篇与第一阶段具有相同体裁的新的文章,这样学生在写作教学中的主体地位就得到了实现,全程参与写作。在独立写作阶段,在教师提供的众多同体裁的写作题目中,学生选择一个合适的题目,独立完成初稿的写作,然后继续进行修改和编辑过程,保证学生能够独立创作该体裁的其他文章。

韩萍、侯丽娟将体裁教学法应用到研究生学术论文写作中,以费兹的体裁教学循环模式为基础,提出了修改后的体裁教学循环模式,包括"确定语境""建立模式""比较分析""师生共同创作""学生独立写作"五个阶段。

第一阶段,"确定语境"阶段,主要是帮助学生确定学术论文摘要的交际目的和背景,特定的体裁体现着特定的社会情景,而学术论文摘要的交际目的主要是介绍论文的主要研究内容和研究结果给读者,吸引他们继续阅读了解相关的研究,因此决定文章的基调、作者与读者之间的关系等;第二阶段,"建立模式"阶段,主要探究语篇的深层结构,也就是体裁结构,让学生了解这种体裁的写作程序和特点,主要过程包括要求学生按照摘要分析模式,对文章的摘要进行目的、方法、结果和结论的分析;第三阶段,"比较分析"阶段,指导学生进行文本外部特征的分析,通过分析解释"为什么该文本会出现上述认知结构"等问题,帮助学生理解体裁的基础性和完整性;第四阶段,"师生共同创作"阶段,是学生在教师的指导和帮助下,进行摘要写作训练,主要为了让学生对前面三个阶段学习的知识进行运用,来帮助他们将学到的知识内化,使其能够独立进行体裁分析;第五阶段,"学生独立写作"阶段,要求学生独立进行目标摘要的写作,并在写作过程中考虑词汇、语法的运用、体裁结构、语篇的表面特征等内容,基于体裁基础上独立创作好摘要。

(四)体裁分析理论

解析特定语篇有不同的方法和途径,包括文体分析、语域分析和体裁类型分析。体裁分析主要包括文体分析以及语篇分析。体裁分析的目的是回答人们在构建某种类型的话语时为什么倾向于这样而不是文本的措辞和布局的问题。体裁分析的方法不单一,包括语言分析方法、社会学分析方法和心理分析方法。语言分析方法主要分析话语的语言特征,包括修辞用法、句子的作用、文章的结构;社会学分析方法更加关注话语的社会性和规范性,并探讨话语背后的社会背景和文化因素;而心理学分析方法注重语篇的交际性功能,主要对不同的语篇所具有的不同交际目的进行分析。

二、体裁教学法在大学英语读写教学中的应用

大学英语的写作教学由于还不是一门独立的课程,所以写作融合在精读课中讲解。现有的教材如《新编大学英语》《新视野大学英语》《大学英语》《体验英语》《21 世纪英语》等,都是综合性的英语教材,主要培养学生的综合能力,但课堂教学却不太重视英语写作的科学性、系统性,极少考虑写作的实际社会目的和功能。

因为阅读和写作是两个相对独立又相互依赖、相辅相成的技能,有着几乎相同的认知过程,也拥有共同的关键性的认知机制,所以写作教学不应该忽视和排斥以范文为中心、以写作为目的阅读教学。范文的阅读是把阅读和写作教学紧密结合的最好途径,有很强的针对性和指导性。所以应充分运用课本作为发展学生写作能力的资源平台,通过分析课文来提高学生对课文结构的认识,让学生能运用阅读中学到的句式和表达进行写作。同时,学生通过写作,更深切地体会到某一体裁的结构特征和语言风格,及时了解自己对知识的掌握情况,相应地调整自己的学习策略,为今后的阅读和写作做好准备。

根据体裁教学法,结合大学英语写作的教学要求,笔者把大学生需要学习的英语作文按体裁分,可分为议论文、说明文、描写文、记叙文和应用文。教师根据上述分类,利用有限的课时和大学英语读写教材的范文,采用体裁教学法、教学模式科学系统地一一讲解,并要求学生逐一掌握不同体裁的规范的文章格式,即向他们提供直观的不同体裁的范文,便于学生直接体验、广泛参与、启迪思维、体现读写课堂中的创造性学习、互动式学习和协作性学习。对于教材中少见的应用文,结合四、六级考试的要求,补充相应的范文,并和学生一起讨论其体裁特征。

第四章　跨文化交际理念下的大学英语教学

第一节　跨文化交际理念下英语教学模式的构建策略

在国际交流和合作中，英语是使用最为普遍的交际语言，其既是语言技巧的体现，也是不可或缺的文化载体。每个国家的价值观念和风俗习惯都各有不同，想要学好英语，不仅要对基本的语言知识技巧进行掌握，更要对不同国家的文化内涵有所理解和认识。

跨文化交际在大学英语教学中有着重要的作用，因此，大学英语教师应不断提升自己的教学理念，构建跨文化交际背景下的英语教学模式，进而培养大学生的跨文化交际能力。

一、转变英语教学观念

大学英语教学中往往只注重培养大学生的听、说、读、写、译等方面的能力，其教材设置也是基于此而研发的。但是随着新时代下跨文化交际日趋密切的情况下，传统的英语教学模式已难以适应社会的需求和时代的发展。一些教师还沿袭着传统的"教教材"的英语教学方式，一味地讲解教材和分析教材，使得大学生对这种枯燥乏味的教学模式，早已丧失求知的欲望和学习兴趣。而在跨文化交际背景下，教师必须与时俱进，转变自己的教学观念，深入研讨大学英语专业教学人才培养方向，在英语教学的过程中有效渗透跨文化交际的内容，构建全新的大学英语教学模式，这要求教师在英语教学中不能只传授词汇、语法、句型结构、短语搭配等基础性知识,还要在英语教学过程中结合英语语言的文化背景,不断地向学生进行渗透,在丰富英语教学内容的同时,也使得高校大学生自身英语语言的实用性得到加强。唯有秉持这种教学观念,才能将跨文化交际背景下的英语教学工作得以有效落实,使大学生能够在掌握好基础知识的同时,还能有效习得良好的英语交际能力和口语表达能力。与此同时,跨文化背景下的大学英语教学,不仅能够极大地拓宽大学生的文化视野,使得大学生的知识面更广,也能促进其跨文化交际能力的有效生成。

二、改进英语教育教学方法

在传统的大学英语教学中,教师惯于引导大学生对英语内部结构和语言形式进行探究性学习,而轻视了英语语言意义及其语言形式的有机关联。而教师在英语教学中的这一教学倾向,使得大学生在英语学习中对英语知识只注重表层的理解,而缺乏对语言的本质进行深入的挖掘和探究,致使其自身跨文化交际能力弱。当身处不同文化背景的交流与交际中,难以准确地运用英语语言进行对话。鉴于此,大学英语教师就要在英语教学过程中,不断改进自己的教学方法,根据教学需要有机渗透有关跨文化交际方面的教学内容。同时,通过组织和开展多种形式的教学活动,灵活运用多种教学手段,加强跨文化交际的实践探究和教学研究,最大限度地提高跨文化交际的有效性。

三、加强英语互动课堂的搭建

跨文化交际背景下大学英语教学模式的构建,倡导的是在英语课堂教学过程中开展主题式的情景对话与交流,让大学生在特定的情景对话与交流中不断生成跨文化交际能力。[①] 这需要英语教师在教学的过程中,引导和组织大学生围绕某一主题,进而搭建互动式的交流平台,使大学生得以在英语课堂的情景互动与交流的过程中去发现问题。而后,再引导大学生根据其所发现的问题,去深入地分析问题,再解决问题,直至

---

① 阮国艳.跨文化交际英语教学与研究[M].北京:中国纺织出版社,2020.

能够正确表达该情景下的英语语言的特定意义,能够与他人进行准确有效的语言交流。

此外,除了构建互动式英语课堂上的情景对话与交流,还可以引导大学生将跨文化交际活动投放在课堂之外,通过课内学习与课外活动相结合的实践探究式教学模式的有效开展,使高校的英语课堂教学得以从课内延伸到课外,促进其跨文化交际能力的有效生成。与此同时,互动式英语课堂教学,有利于营造平等的师生关系,对增进生生互动、师生互动有着重要的意义,而在这个互动交流的过程中也能极大地促进大学生英语学习能力和跨文化交际能力的提升。

第二节 英语跨文化交际教学的协作学习模式

协作学习模式是基于建构主义的一种学习理论,也是最近比较流行的一种学习模式,让学生以协作的形式,以课堂上教师讲授,下达教学任务,同学之间互相合作,相互探讨,来达到学习的目的。[①] 在目前的信息化技术水平高速发展的今天,这种通过小组或者小团队的形式进行学习的方式,越来越受到大众的欢迎。目前的协作学习模式主要体现在三种方式:第一,竞争模式,让学生组成一个小组,在学习完毕之后相互竞争,小组内成员互相竞争,能提高学生的学习积极性;第二,协同模式,主要是让一个小组内的学生相互协作,在学习时遇到不会的内容时,相互指导,互相促进,更好地提升学习效果,增加了学生体验性;第三,辩论模式,该种学习方法较为激进,教师课前需要准备好一系列的问题,到课堂中提出问题,让学生利用掌握的知识在课堂上以辩论的模式,来进行学习。

一、网络环境下的英语跨文化交际教学协作学习模式

(一)协作学习模式及其方法

基于网络的英语协作学习是指利用计算机网络以及多媒体等相关技

---

① 朱茜.大学英语课堂协作写作研究[M].上海:复旦大学出版社,2019.

术,建立协作学习环境,使教师与学生、学生与学生针对同一学习内容彼此讨论、交互合作,以达到对教学内容比较深刻的理解与掌握的过程,其实现方法如下:

第一,协作小组的划分。协作学习中,小组成员的确定是至关重要的,也是学习任务完成的关键一步,学生根据各自的兴趣、爱好和特长,五人组成一个小组。在组建小组时,应当尽量确保小组内的学生能够相互取长补短,即小组成员是异质的、互补的。分组时应考虑以下因素:学生的性别、能力、爱好等。

第二,明确学习目标与任务。分组后,首先应明确小组共同的目标和协作成果的评价标准;其次小组成员通过讨论与协商,制订出协作计划和完成任务的时间表,并为每个人分配相应的角色,明确每个成员的任务职责,将个人的成果和小组的成果统一综合起来。

第三,选择合适的语料输入。网络环境下的协作学习不同于传统的协作学习,不是全班围绕一个问题进行学习,然后各小组对教师指定的学习内容进行组内讨论,而是在线的学生通过虚拟的教室,利用电子公告板或电子邮件等工具进行组内讨论。因此,网络教师选定适合的协作学习内容非常重要,学习内容不但要难度适中,还要内涵丰富。学生不但能够通过网上的资料检索自己想要的信息,还要有进一步讨论的空间。完成内容的选择后.网络教师还要指派一名组长,并指导组长把内容任务细化至每个在线学生,进行合理的分工。每一次学习交流中,小组的任务不同,个人的任务也不同,大家相互联系、相互配合、取长补短,通过网络形成有机的学习整体。

第四,指导小组成员进行课外讨论学习。每一个在线学生在确定小组以及个人的任务后,网络教师就要引导他们进行课外的协作性学习。学习的渠道可以是多种多样的,如通过因特网、书籍、报纸、杂志等收集信息,通过社会调查,包括采访、参观、问卷等获得第一手资料等。此时网络教师也应为学生创造相应的条件,如辅导他们查阅检索文献的方法、培训他们的计算机技能,提供一些网址和大型的网络检索工具,等等。学生可以自主地进行学习,遇到难题时通过网络求助教师、同学以及网络上任何一位对专题感兴趣的人。通过上述活动,培养学生运用信息工具的能力,特别是从计算机网络中检索信息的能力,使学生具有敏感主动的信息意识,能够根据自己的学习目的收集整理所需的信息。

第五,小组协作研讨。收集整理完信息之后,学生要将各自获得的信息与组内的其他成员进行交流。在此过程中,所有的小组成员彼此交流他们的情况,不断地讨论他们弄懂或没有弄懂的问题,然后,将各种信息进行分析、归纳、整理,并提出本组的独立见解,最后形成书面报告。通过对众多信息的思维活动,学生可以得出创新的结论,培养了他们的创新能力。同时,在小组通过网络工具研讨的过程中,不但提高了学生使用工具的熟练程度,还培养了他们的合作精神和人际交往能力。当网络教师通过观察或参与讨论,发现小组成员之间的研讨已接近尾声时,便可召集各小组的组长通过同步或异步的方式进行座谈,接受他们的电子文档,听取他们的汇报,协调他们的工作,充当顾问的作用。

第六,学习结果评价。学习评价不仅要对学习结果做鉴定,更重要的是在学习过程与学习效果之间对学生的学习进行反馈、激励和改进,形成以评促学的动力机制。为此,我们必须对评价机制做一些改革:首先,学习评价必须贯穿整个学习过程,及时发现学生的问题和成绩,及时进行调控和激励。其次,评价方式要多样化。根据是否数量化,分为定性评价和定量评价;按评价的对象分为自评、互评和教师评价;按时间分为日常性评价、阶段性课题作业评价和学期考试评价。对学生的每个学习阶段都从课题质量,小组协作、探索和创新三方面进行评价。这样既保证学生扎实的学习基础和稳固的知识结构,又促进他们综合素质、个性品质等多方面的发展。最后,自评,互评与网络辅导教师评价相结合。阶段性评价要求各小组对内部成员和在小组之间进行自评、互评、教师在此基础上评定小组成绩和个人成绩。自评是自我教育的一种形式,通过自我评价促使学生一分为二地分析自我、调整目标,激励自我。互评是集体教育的一种形式,互评的过程就是对比、激励,通过集体教育达到自我教育的过程。教师评价是自评、互评的引导和补充,三者结合才能使评价更全面,反馈更及时、激励更有效。

(二)网络环境下协作学习所呈现出的特点

第一,多媒体网络环境在网上教学系统和互联网教学信息提供的丰富性和共享性。丰富健康的学习资源是网络学习得以展开的基础,多元化的网络资源为人与人的协作提供了最大的可能性。

网络向每个人都敞开了信息的大门,使得交流内容更加深入,交流范围更加广泛,协作关系更具有选择性,人们可以和不同的人交流,选择能够解决自己的问题的协作伙伴。而基于网络的合作学习由于其技术上的优势,则使许多诸如文件保存、信息处理的任务被隐藏在学生合作学习过程中。有利于参与成员全身心地投入,增加了参与的深度。此外,由于网络信息资源具有丰富性、集成性,学生能够在较短的时间内完成材料的收集、整理,而把更多的时间和精力投入合作学习所欲达到的最终目的上去。

第二,借助计算机网络。学生学习的分组方式更为灵活多样。在协作学习中学生的分组是一种灵活的机制,可以包括以个人为单位,以对为单位,以小组为单位或全体成员活动,等等,而且这种分组可以是变化的,特别是在学习的不同时期,必须使用不同的分组,才能最大限度地提高学生学习的效率。借助于网络环境使得协作学习中的分组更为方便、灵活、多样。

第三,充分体现了合作成员的主体性和意义建构。传统的合作学习,主要依赖的是学生之间相互协作和共同影响,通过小组成员之间的团结协作,促进学生之间的相互知识建构、社会建构,从而达到有效的学习。而多媒体网络环境的创建,一方面使得教师在学生意义建构方面的促进作用逐渐加强,教师通过与其他教师及教育技术人员一道通力合作,利用现代多媒体技术,以各种信息方式来呈现信息,既可以对合作学习过程进行总体引导,又能针对不同程度的学生进行个性化的个别辅导;另一方面,学生作为学习的主体和意义建构的主动者的作用也在更大程度上得以体现。在多媒体网络的帮助下,学生可以更好地克服面对面交流时所存在的交际障碍,通过积极参与、互相配合,与教师和同伴一起创设新的教学情景,通过自主探究,更多地积累意义建构时所需的原始材,并通过积极思索,将新知识与已有的知识建立联系。

二、英语跨文化交际教学中协作学习模式的具体运用

协作学习的基本模式有多种形式,如竞争、辩论、协同、问题解决、伙伴、设计和角色扮演等。以下主要探讨英语教学中常用的协作学习模式。

(一)竞争模式

竞争模式是指两个或多个协作者参与学习过程,其期间有辅导教师的参加。辅导教师根据学习目标和学习内容,对学习任务进行分解,由不同的学生承担。学生在独立地解决学习问题的过程中,可以看到竞争对手以及自己所处的状态,并由此调整学习策略。辅导教师对学生的任务完成情况进行评论,其他学生也可以对其发表意见。各自任务的完成,就意味着总任务的完成。

在进行英语词汇和口语训练时,教师把要复习的单词写在纸上,发给每个两人学习小组(如同桌),让两人围绕所给词汇进行对话。一人给出词语的英语解释,但不能说出单词本身,另一人猜词。如单词 apple(苹果),通过说出 a kind of fruit(一种水果),red(红色的),round(圆的),sweet(甜的),基本上就可以猜出这个单词。最后,看哪组用的时间最少,猜对的词汇最多。通过这种竞争性的猜词练习,不仅能加深对所给词汇的理解,还复习了相关词汇,并且使口语得到了训练。竞争性模式有利于激发学生的学习积极性和主动性,但是,一定要在竞争的过程中,注意与协作的结合。竞争可以在小组内进行,也可以在小组间进行。

(二)协同模式

协同模式是指多个学生共同完成某个学习任务,在任务完成过程中,学生发挥各自的认知特点,相互配合、相互帮助、相互促进,或者根据学习的性质进行分工协作。不同的学生对任务的理解及视点不完全一样,各种观点之间可以互相补充。学生对学习内容的深刻理解和领悟,可以在与同伴紧密沟通及协调合作的过程中逐渐形成。在进行英语的阅读和口语训练时,教师可以把一篇文章分为两部分,发给协作小组的两位学生(如同桌)。学生一边阅读自己手中的部分文章,一边积极思考全文大意。

然后,两人互相合作,告知对方自己阅读的这一半的内容,询问对方所读到的文章内容,努力弄清整篇文章的大意。然后,用口语将文章的主要内容表述出来。通过这种协作学习,再加上辅导教师的适当讲解,学生对文章内容的理解和掌握,比传统的教师授课效果要好得多。

(三)辩论模式

辩论模式是指协作者之间围绕给定主题,先确定自己的观点,辅导教师对学生的观点进行分类,确定正方和反方,然后双方围绕主题展开辩论。例如,在一节英语口语课中,教师可以先确定一个题目,然后根据学生的观点,把同意这种说法的学生确定为正方,不同意这种说法的学生确定为反方,然后双方展开辩论,辩论的进行可以由对立的双方各自论述自己的观点,然后针对对方的观点进行辩驳。最后,在教师的指导下,由大家评议,观点论证充分的一方获胜。在整个辩论过程中,学生不但要自己想出支持自己观点的理由,还要驳斥对方的观点,并且要有流利的口语为基础,这样,在辩论的过程中,词汇、语法结构、语言表达能力都能得到很大的提高。辩论可以在协作小组内进行,也可在组间进行。辩论模式有利于培养学生的批判性思维。

(四)角色扮演模式

角色扮演模式就是让不同的学生分别扮演学习者和指导者的角色,由学习者解答问题,指导者对学习者的解答进行判别和分析。如果学习者遇到困难,指导者可帮助学习者解决。

综上所述,在英语教学中应用协作学习模式,学生感受到同学之间不再是竞争的对手,而是促进学习的帮助者。协作式学习能够促进学生主动地参与学习过程,有效地激发学生的学习兴趣,充分调动学生作为认知主体的主动性和积极性,使学生的学习活动更加生动活泼和丰富多彩。

第三节　英语跨文化交际教学的任务教学模式

语言是文化的载体,作为一门语言,英语兼具工具性和人文性的特点,英语本身即是以其为母语的国家文化的一个重要组成部分。伴随英语交际产生的还有不同风俗、不同思维方式、不同价值观的交流与碰撞。

高校开设跨文化交际课程意义重大。首先,它能帮助学生提高语言综合应用能力。目前高校跨文化交际课程多为英文教材,课堂授课以英文为主,教师同时会布置大量延伸阅读。该课程的学习对学生语言能力要求较高,学生在大量阅读中语言能力得到较大提升。跨文化交际课程中的言语交际这一部分,直接在日常言语交际、文化负载词、习语、禁忌语、文化思维模式等方面进行中英文对比,一定程度上可以帮助学生进一步了解语言的特点,从而提高语言综合应用能力。其次,这一课程的开设有助于学生传承本国文化,增强自信。学生在对中外思维模式、价值观、世界观等全方位对比过程中,对本国文化的特点及优势有更透彻、更客观的了解,有利于培养民族自信心,有利于民族文化的传承。最后,跨文化交际的学习能帮助学生拓宽国际视野,了解他国文化,进而取长补短,学会批判性思维。这门课程的学习让学生学会客观、理性地看待全球多元文化,在跨文化交流中尽量避免立场的预设,塑造包容、开放的跨文化人格;提高跨文化交际能力。

一、英语跨文化交际教学任务型教学模式的构建

任务型教学模式自 20 世纪 80 年代产生以来一直备受瞩目。任务型教学模式将"任务"置于课程规划的核心地位,认为学生通过完成特定的课堂任务而习得外语,并将交际法语言教学重塑为基于任务而不是基于语言的交际法教学大纲。

任务型教学模式是以具体的学习任务为学习动力或动机,以完成任务的过程为学习过程,以展示任务成果的方式体现教学效果的教学方式。

任务型教学模式重视学习过程,在传统语言知识教学基础上,着重培养学生的两种能力,即交际能力、综合运用语言的能力。任务型教学模式所代表的理念被鲁子问等人归纳为:语言是一种工具,用于表达思想、交流情感;解决问题;语言学习不能只依靠以形式为中心的机械训练,而要依靠语言的使用。

语言学习的目的是通过语言解决问题,而不是单纯地掌握语言知识

和培养语言技能。在现阶段义务教育中,英语课程标准所倡导的外语教学法是任务型教学模式。

国内外研究者对"任务"(task)这一术语的解释不尽相同。

(1)有助于达到语言学习整体目标的所有课堂活动都可看成任务,包括简短的语法练习和更为复杂的涉及真实的意义交流活动。

(2)任务是语言加工的产物或语言理解的结果,如边听录音边画地图、听指令做动作等。教师通常需要明确任务要求,以衡量学生是否成功地完成任务。多样化的任务可以增强课堂活动的目的性,使学生有机会运用语言,从而使语言教学更具交际性。

(3)任务是一项有特定目标的工作或活动,通常作为课程的组成部分,或在研究中用于搜集数据。

(4)任务是学生通过对已知信息进行思考加工而达成某一结果的活动。

(5)交际性任务是学生理解或掌控目的语,并用目的语进行互动的活动。在使用语言的过程中,他们的注意力主要集中于交际意义而非结构形式。

(6)任务是学生关注意义,使用语言达成目标的活动。

(7)学生应用目的语所进行的促进语言学习,涉及信息理解、加工,或解决问题、决策问题的一组相互关联的、具有目标指向的课堂交际或互动活动都可以称为"任务"。

(8)任务应具备五个要素:①要有意义;②要有待解决的交际问题;③与真实世界的交际活动相似;④首先要完成任务;⑤根据结果评估任务。

(9)任务的主要特征包括:①输入材料。输入材料指学生完成任务所使用或依据的书面材料或视听材料。②角色。角色指学生在完成任务时所需扮演的角色,如信息发出者或信息接收者。③情景。情景指任务所产生和执行的环境或背景条件,包括语言交际的语境,同时涉及课堂任务的组织形式。

(10)程序。程序指学生在完成任务过程中所涉及的操作方法和步骤,即"怎样做",包括任务序列中某一任务所处的位置、先后次序、时间分配等。

(11)监控。监控指确保任务顺利完成的监督过程。

(12)目标。目标任务具有目的性,一方面是任务本身要达到的非教学目的;另一方面是利用任务所要达到的预期教学目的。

(13)反馈。反馈指教师或同伴对任务完成的整体情况,包括语言使用的纠正性反馈和其他有用的反馈。

(一)任务型教学模式的理论依据

任务型教学模式的理论基础是苏联心理语言学家维果茨基的语言和学习理论,该理论强调语言学习的社会性以及教师和学生对促进个体学习的重要作用。语言的获得,先是人与人之间相互作用的结果,然后才转变为自己的知识。学习是一种有社会真实性的协同努力,其中"师生"共同参与有明确目标导向的互动性任务。

任务型教学模式的理论依据还包括互动假说、输出假说、有限容量假说和认知假说等。互动假说强调语言习得中的互动,即意义协商,在二语习得中起到决定性作用。意义协商是当沟通理解发生困难时,交谈的双方必须依据对方理解与反馈,进行诸如重复、释义、改变语速等语言上的调整,从而使输入变得可理解。互动假说关注选择性注意和负面反馈在语言习得中的作用。

输出假说提出对输出的关注可以促进二语习得,给学生提供语言输出的机会是语言发展的关键所在。在目标语输出过程中,学生会注意到"知"与"不知","会"与"不会"之间的距离,进而了解自己对外语的掌握情况。输出还为学生提供了在运用中尝试新语言的机会,并对外语的结构形式进行反思。

有限容量假说指在注意力有限而需要关注的语言侧面不止一项(比如语言精确度、语言复杂度、语言流利度)的情况下,学生会进行优先排序,将注意力更多地投入某一项中。

认知假说是基于一语习得提出的。在一语习得的发展过程中,概念化发展为其创造了条件。[①]

"任务"对二语习得过程产生促进作用包括：①任务能提供意义协商和理解输入的语境；②任务能就学生的输出提供吸纳纠正性反馈的机会；③任务能提供整合内化修订过的输入机会；④任务揭示自身输出与源输入之间的差距；⑤任务的认知要求将学生注意力集中到特定形式上，促进语法化过程和输出的精确度；⑥认知要求较低的任务可以促进自动化过程和输出的流利度；⑦认知要求较高的复杂任务可以促进句法化程度和输出的复杂度；⑧任务的认知要求能促进概念化重塑；任务排序能强化记忆；以上情况必须建立在具体的交际语境之上。

从上述结论中可以看出，任务型教学模式研究发展的轨迹，起初人们关注如何互动和意义协商，从而加强输入的理解；现今，人们更加关注如何使输出的意义和目的语的言语更为一致。

(二)任务型教学模式的任务特征

对任务特征分类的研究主要考查哪些特征对互动和习得最有影响力，以利于教学任务设计。对此，可以根据语言的复杂性、认知的复杂性和交际的紧张度划分任务的难度，也可以从输入、任务条件、认知加工过程和任务目标四个方面描述任务特征。

(1)输入包括四个变量：媒介、语言复杂性、认知复杂性和信息熟悉度。

(2)任务条件包括三个变量：参与者关系、任务要求、完成任务所涉及的话语模式(对话或独白)。

(3)认知加工过程指完成任务所涉及的认知加工层次，从信息交流到进行推论，再到进行观点的交锋。

(4)任务目标包括三个变量：媒介(通过图画、口头或书面语展示结果)、任务结果是开放式的还是单一的解决方案、任务结果所涉及的语篇模式(描写、叙述、分类、指示、辩论等)。

---

① 窦国宁.创客教育理念下的大学英语教学理论与实践[M].北京:企业管理出版社,2021.

任务难度是一种主观因素,主要因为二语学习者存在个体差异,主要涵盖情感和能力两个维度。任务复杂度是一种客观因素,是由任务对学生的认知加工要求决定。任务复杂度与学生个人能力无关,只与任务本身的结构和设计有关。因此,对不同学生而言,一项既定任务具有不同的任务难度和相同的任务复杂度。

将任务复杂度进一步细分,可以分为"资源导向"和"资源分散"两个维度。在完成二语任务过程中,两个维度对学生注意力资源的分配产生截然不同的影响。在资源导向维度上增加任务复杂度,能够将学生的注意力资源导向特定的语言结构和形式,使产出的语言更加准确和复杂。在资源分散维度上增加任务复杂度,则会消耗学生更多的注意力和工作记忆,使学生分配给语言形式的注意力资源相对减少。学生可以调用多重注意力资源,任务复杂程度的提高也有可能使学生的表现得到提升。因此,学生对形式和内容的关注并不一定是矛盾的。

任务型教学模式分为真实任务和课堂教学任务两种任务类型。真实任务是根据学生需要,模拟真实交际而设计的演练任务。例如,学生有"假期出游计划",则需要进行目的地的决定、预订航班、选择旅馆、预订房间等一系列演练任务;学生有"申请高校"的需要,则需要进行写申请信、回复信件、咨询经济资助、选择课程、电话或网络注册、支付学费等一系列演练任务。课堂教学任务不一定能反映真实交际,而是根据二语习得研究设计的语言学习任务。

任务型教学模式以教学的角度分为六种任务类型,包括列举、排序、比较、解决问题、分享个人经历和创造性任务。其中,创造性任务比较复杂,一般来讲,完成创造性任务时可以拆分成几个阶段,必要时还要进行前期调查。

从认知角度可将任务型教学模式划分出三种任务类型:①信息沟通任务,指对所给信息进行由此及彼的传递,由一个人传递给另一个人,或形式上的转换(如将文字信息转换成图表),或时空的转换,涉及对语言的解码和编码;②推理沟通任务,指根据所给信息,通过推理、演绎,或对关系、模式的识别等过程，推导出新的信息，如根据班级课表推导出教师课表；③观点沟通任务，指针对所给情景，明晰表达个人喜好、感受或所持态度，如续编故事、参与讨论等。这类任务的结果通常是开放式的。

任务型教学模式的三个步骤：①任务前活动；②任务环，包括任务、计划、报告；③任务后活动，包括聚焦于语言形式的分析和练习。此外，任务教学的课堂教学程序分为五个阶段，即任务的设计、准备、呈现、开展和评价。任务型语言教学途径不是一种教学方法，而是一种教学思想。在实际运用中，任务型教学的操作方式根据任务的难度不同而不同。部分简单的任务可能只有一两个步骤，而一些复杂的任务则需要划分不同的阶段进行。

在任务型语言教学中，教师有着多重角色，在选择任务并决定任务顺序时，教师是选择者和决策者，要充分考虑学生的需要、兴趣和语言水平；在引导学生进行完成任务的过程中，教师是组织者、协调者、参与者、评价者等；在学习语言过程中，教师还要扮演本职角色，负责培养学生的语言意识。在完成任务的过程中，学生则是参与者，参与整个活动；学生是探究者，观察自己和同伴的表现；学生是监控者，监控自己和同伴使用语言和学习策略的情况；学生是发明者，尝试用最好的办法解决问题。

任务型教学模式自诞生以来，已经被广泛地运用于全世界语言课堂中，"任务"已经成为许多教学流派语言教学主流技巧的一部分。

二、英语跨文化交际教学课程中任务教学模式的运用

任务教学法中的任务具有一定的真实性和交际性。任务教学法将知识的学习融于任务的解决之中，将学习与实践相结合，这种探究式学习方式能最大限度地激发学生的学习兴趣。跨文化交际课程是一门交际性与实践性较强的学科，教学目的是让学生通过真实的案例了解并学会尊重不同文化之间的差异，以包容、开放的心态与不同文化背景的人进行交流，并根据交际情景和交际对象的不同，恰当地使用交际策略，将理论知识与实际应用相结合，从容应对交流过程中出现的各种问题。任务教学

法在跨文化课程教学中的具体应用可以按任务的三个阶段进行细分。

第一,任务前阶段:学生自行分组,自选组长。在教师的引导下,各组学生明确任务需实现的目标,进行组内分工,明确每个学生在任务中的定位。同时,教师应就布置的任务进行知识的导入,文化背景的简单介绍,或提供视频资料,等等,帮助学生理解并:规划任务。

第二,任务中阶段:①制定阶段性目标并将任务细化,明确各时间节点。前期资料搜集完毕后,小组组内交流汇报,进行讨论,提出解决问题的方案或梳理清楚观点,并最终形成报告。②小组进行班级汇报,在班级范围内与其他同学互动、讨论。

第三,任务后阶段:教师进行点评与总结,解答学生的疑惑,进一步帮助学生理清与任务相关的跨文化知识点。随后,小组同学再进行总结,争取对相关知识有更清晰、更系统的理解。

在实际教学中,教学过程按以下步骤展开。

(1)以 4~5 人为一组,做好前期任务分工,如案例的搜集、信息的查找、问卷的设计(如幽默感、智力,忠诚、热情、独立性、教育背景)等,并要求学生将任务细分到各组员。

(2)前期任务完成后,组员进行资料的讨论或案例的分析,并以采访等形式完成设计。随后,小组就得出的数据进行总结,找出两者的差异。最后,小组成员将各自讨论后的观点形成文字,结合各项资料、数据,以PPT的形式进行班级汇报,教师随后引导学生进行班级范围的讨论。

(3)在任务后阶段,班级讨论结束后,教师进行打分、点评及总结,并结合学生的讨论内容与案例进一步引导班级学生交流、思考并进行总结,让学生对其有更深入的理解,从而更客观、从容地应对跨文化交流中的类似问题。

在整个教学过程中,学生查找资料,调查探究,交流讨论,并用报告的形式向班级同学展示学习成果,在完成任务的过程中学会运用语言解决实际问题。学生参与度高,课堂气氛活跃。同时,采用任务驱动教学模式,课堂师生互动性更强,讨论氛围更为浓厚,教师在教学中与学生产生情感共鸣,更易获得满足感及成就感。①

　　综上所述,任务教学模式具有较强的实用性,它将课堂学习延伸至课外,给予学生更大的空间,让其在探索任务、解决问题的过程中学会如何将理论知识与实践相结合,充分发挥主观能动性,培养解决问题的能力、独立思考的能力,激发学习兴趣,培养协作精神。当然,在具体教学过程中教师会遇到一些问题,如小组成员之间学习态度、学习能力、知识层次存在差异,可能导致部分学生敷衍了事,或过于依赖他人,这就需要教师在学生完成任务的过程中扮演好引导者、监督者的角色,随时与学生沟通,提供帮助,在学生制定、分配任务的过程中亦可以加以指导,尽量使每位学生充分参与任务,提高跨文化认知与交际能力。

---

　　① 宋建勇.高校英语任务型教学与评价研究[M].西安:西安交通大学出版社,2017.

第五章 翻转课堂教学理念下的大学英语教学

第一节 翻转课堂在大学英语教学中的应用及影响

一、翻转课堂在大学英语教学中的应用

(一)创新性优势

翻转课堂教学模式在大学英语的教学实践过程中,存在许多独特的优势。传统的课堂教学是一种教师向学生单向灌输知识的过程,此种教学模式过度注重知识在经由教师向学生传递过程中的最大化保留,没有考虑到学生个体的差异性与认知特点,未能够考量到学生能够在多大程度上理解并吸收知识内容。采用翻转课堂教学模式则能够弥补传统教学的不足,将学生的学习积极性充分调动起来,突出了学生在英语学习中的主体地位。同时,翻转课堂教学模式利用互联网信息技术,能够将全世界的优质教学资源整合到普通大学的日常课程设计当中,这样有助于优质教育资源的整合,并使得高等教育更加趋于公平。

(二)翻转课堂教学模式在大学英语教学中的应用

翻转课堂教学模式较传统教学模式有了很大程度的创新,既能够适应当前课程改革发展的需要,也能够满足当前高校对于学生英语水平的要求。

1.大学英语听说课堂对翻转课堂教学模式的应用

听、说能力的培养是大学英语教学中的重要目标。将翻转课堂教学

模式应用于大学英语听说课堂中,将听作为学生课前学习的内容,将说作为课堂交流活动的中心内容,这样既能够锻炼学生的英语听力,又能够增加课堂口语练习的时间,一举两得。同时,翻转课堂教学模式还积极地鼓励学生利用课余时间进行自主学习,如可以利用网络教学平台或者是自主学习室提升自主学习能力,在这个过程中,学生的个性化和主体化都能够得到充分的体现。

2.大学英语精读课堂对翻转课堂教学模式的应用

教师在课前准备好相关的课程资料,学生可以利用教师给予的资料、教学课件、教学视频及微课堂等手段完成对基础知识的学习,内容简单,学生便于接受,有利于激发学生学习的主动性和积极性。在课堂中,教师可以抓住重点内容进行讲解,达到事半功倍的效果。但是值得注意的是,教师在准备课前资料时,一定要结合学生的实际情况,如在教学视频录制时,需要考虑学生的学习情况和学习效率,选择有针对性的内容进行录制。将翻转教学模式应用于精读课堂中,教师所起的主要作用是帮助学生理解课文内容,鼓励学生积极讨论课文内容,并通过解答学生疑问达到提高学生表达能力和应用能力的目的。

将翻转课堂教学模式应用在大学英语精读课堂中,还可以运用项目式的学习方法达到教学目的。教师在备课阶段,需要结合教材实际内容,将具体的教学方法、教学步骤、教学内容和相关要求,以及能够引起学生兴趣的案例制作成丰富合理的教学视频,并通过网络教学平台上传;学生通过教学视频,采用小组学习讨论的方式完成学习任务,并以小组为单位进行学习情况的汇报总结。这种项目式的方法,充分把握了翻转课堂的理念,能够将自主学习、合作学习及师生沟通完美结合在一起,既加深了学生对课文内容的理解,又能够提高学生分析问题和探究问题的能力。

3.大学英语写作课堂对翻转课堂教学模式的应用

英语本身作为一门语言课程,自主性的学习效果更优于教师强制性的学习效果,翻转课堂正是与这一要求相一致。英语写作领域,不仅要求学生具有丰富的语言知识,还需要学生深入了解英语国家的文化知识以及中英文写作模式的差异,这样才能够写出佳作。

在写作教学中,应用翻转课堂这一模式,能够充分挖掘学生的自主学习能力,全面提升课堂的互动效果,学生与学生、教师与学生之间能够通过交流与合作,完成对词汇、短语及句子的衔接,从而全面提升写作能力。

(三)翻转课堂设计实践

1.教学资源的预设准备

课前资源包括微课和可供学生阅读的相关文章。近年来,虽然在国内微课已经热度很高,但真正针对自己学生状况的微课并不多,因此基本上要靠教师自己对现有的资源进行加工和改造,才能为己所用。

2.学习任务的指导设计

翻转课堂的预设学习,不单单是观摩微课,教师还应根据学生学习的特点,设计出科学、有趣的任务,并提供完成任务的相关学习资源,引导学生逐步完成任务,最终达成目标。

3.练习题目的设计

翻转课堂中的练习不仅要完成传统练习的任务,还要充分把握和分析学生学习中出现的问题。例如选择题,每个备选项最好是学生平日学习中易犯的典型错误,并能折射出一定的认知偏差。因此,练习的设计,很大程度需要教师养成日积月累的观察和反思能力,如此才能在设计实践中充分考虑及安排。

二、翻转课堂对大学英语教学的影响

(一)翻转课堂在大学英语教学中的应用优势

对于高校而言,英语教学站在一个比较特殊的位置之上。一方面,英语的学习和能力,与学生毕业之后的职业生涯保持着密切的联系;另一方面,高校阶段失去了升学的压力,考试的反拨作用因此有所抑制,相应地,学生参与英语学习的积极性也会大打折扣。从这样的背景出发,展开有针对性的分析,可以明确翻转课堂的应用对于大学英语教学的若干价值。

1.推动学生主动参与学习

翻转课堂能够帮助学生主动参与到学习的过程中,通过对学习材料的自行阅读,来培养和提高学习的能力,从而不断推动英语学习的前进。

2.及时获取学习情况反馈

翻转课堂的另外一个不容忽视的价值在于,教师可以通过课堂之上相关问题的解答,形成与学生之间的有效沟通,从而获得学生具体学习状况的有效反馈。[①] 不同于传统课堂讲授,翻转课堂要求学生更为主动地参与,因此问题的暴露也更为彻底。虽然在翻转课堂情况之下,仍然存在一些问题,但是相对于传统教学方式,其进步价值不容忽视。

3.教学针对性有所提升

有了明确的学习效果反馈,从理论上就能够实现具有针对性的、更为有效的教学,至少可以说,反馈为针对性教学提供了一种可能性。教师可以通过翻转课堂的实施,发现学生学习过程中出现的问题和比较突出的不足之处,并且据此展开对于教学材料和进度的调整。在这个过程中,应当注意的是,教师的教学工作调整,本身关系到多个方面的细节问题,包括教学进度和必须完成的教学内容,以及学生应当具备的学习能力。因此,能否实现更具针对性的教学,还取决于教师能否不断加强自身素质的修炼。

(二)翻转课堂在当前大学英语教学中的应用优化与提升

翻转课堂的价值,迄今为止可谓有目共睹,但是对于高等院校而言,英语教学的改进并非一朝一夕就能够完成的,唯有持续不断地优化,才能实现有效的提升。

1.注重学习材料的选择与制作

在翻转课堂的机制之下,学习材料是学生推进学习过程中遇到的第一个工具,这个工具的内容选择,关系到学生能否展开一个新的环节内容的学习。对于英语学习而言,就是要保持一定的新鲜感,但是又不能脱离

---

① 武琳.信息化教学中英语翻转课堂教学模式的建构与教学实践[M].北京:九州出版社,2018.

学生自身水平太远,要让学生能够通过这些材料发现自身能够提升的地方,能够获取到这一个章节需要把握的重点,但是又不能觉得无趣而失去学习的兴趣。对于这一材料的选择,关系到随后翻转课堂其他环节学生的学习积极性,更加关系到教学内容的连贯性与教学的有效性,因此必须引起充分关注。对于内容的安排,需要坚持一点,就是内容本身是依据进度而变化的,教学过程中不是要对没有跟上内容的学生加强训练,而是要根据学生的进度而优化和调整内容。

2.加强课上对于学生学习状况的考查

加强学生学习状况的考查,是翻转课堂机制之下课堂时间的重要价值体现。虽然翻转课堂在一定程度上可以加强反馈,但是不代表不会存在滥竽充数和浑水摸鱼的情况,有些学生仍然会对英语学习保持避让,在课堂上企图蒙混过关。造成此种问题的原因众多,可能是学生水平与教学内容水平相去甚远,无法跟上,也有可能是缺少了升学考试的反作用而失去学习动力。但无论何种情况,教师都应当全心投入,发现端倪,进而实现改进。

3.强化多媒体资源的有效、有序利用

当前信息背景之下,不仅仅是学习材料的发放可以通过多媒体以多种形态来实现,教学过程同样可以通过多媒体、多渠道方式展开。有时候学生可能不会愿意主动在课堂上透露学习中的问题,但是可以在群里说出自己遇到的困难。因此,教师应当积极启用多媒体渠道,完善翻转课堂教学体系,推进整体效果的优化。

第二节　翻转课堂对学生学习能力的培养

一、翻转课堂环境中学生的作用及特点

翻转课堂对学生自主学习提出了更高的要求,它改变了以往教师为主导的学习模式,给予学生更多的时间去安排自己个性化的学习。在英语课堂中,翻转课堂让学生更多地参与自主预习,自主复习和自主优化学

习时间,其教学目标是为了让学生通过实践获得更真实的英语学习。

(一)学生主体作用的确立

1.明确学习目标,激励学生主体意识的不断增强

(1)明确英语学习的目的

当今是信息时代,英语是信息时代的重要载体。学生只有把英语学习的目的与自己生活的目标联系起来,才能把英语学习真正作为自己生活的一个组成部分,也才能真正增强自己的主体意识。

(2)正确认识自己在学习中的作用

学习是获取知识的过程。知识不是单纯通过教师传授得到的,更是学习者在一定的情境下,借助教师和学习伙伴的帮助,利用必要的学习资料,通过意义建构的方式获得的。学生必须认识到:只有通过自己的努力,才能获得良好的学习效果。

(3)善于自我激励增强学习动机

英语学习动机对学习兴趣的形成起着积极的促进作用,它是促进学生学习兴趣形成的基本条件。只有拥有强烈的学习动机,才可以拥有强大的学习动力,也才能主动地投入英语学习中去。

(4)善于调动学习的主动性

学生要自觉地确立学习目标,制订学习计划,总结学习方法。从学习知识、解决问题的过程中获得某种满足感,并以兴奋活跃的思维状态去面对英语语言知识和技能,在加强基础知识和基本训练的同时,使基础知识转移为语言技能,并发展成运用英语进行交际的能力。

2.以教师正确的教学理念促进学生主体地位的体现

要充分发挥学生的主动性和积极性,确立学生的主体地位。

首先,要具有新的人才观。21世纪是高科技、高竞争的时代,对英语人才的要求显然与过去不同。传授英语基础知识是教学过程中不可缺少的重要环节之一,但更重要的是发展学生的能力,以适应时代的要求。其次,要认识教师角色的转变。以往的英语课堂教学,教师多数扮演的是一种家长式的角色,而现在要求教师在教学方法方面做出最重要的改变是"走出演讲的角色",所有优秀的教师都是学习过程中的激励者、促进者、

辅助者和协调者。

其次,要充分发挥教师在课堂教学中的主导作用,教师要把以"教"为重心逐渐转移到以"学"为重心,把以"研究教法"为重心逐渐转移到以"研究学法"为重心,并做好教与学的最佳结合。以"学"为重心,其基本精神就是使学生爱学习、学会学习并养成良好的学习习惯。面对 21 世纪对人才的需求,"授人以渔"已成为师者的最高教育境界。

(二)学生主体作用发挥的特点

1. 注重语言交际功能

英语教学的实质是交际,是师生之间、学生之间的交际。英语教学就是通过这些交际活动,使学生形成运用英语的能力。在交际过程中,师生双方的认识活动也是相互作用的。学生认识英语的进展,离不开教师对教学规律的认识;教师对教学规律的认识,也离不开学生在教师指导下学习的客观效应。翻转课堂打破了英语课中学生不敢开口,不愿开口的现象,增强了学生使用语言和用英语交流的信心。

2. 激励创新思维发展

当今时代,知识更新日益加快,衡量一个人素质的主要标准不再仅仅是他占有知识的多少。21 世纪更加强烈地呼唤着教学对创造性思维的培养。在英语课堂教学中,为了充分发挥学生的主体作用,就要特别注重学生思维能力的训练。翻转课堂设置的初衷是为了让学生自主的,个性化地去学习,因此,在新的学习模式下,学生的思维能力可以得到最佳地训练和更好地提升。

3. 精心设计提问

提问是一种最直接的师生双边活动。在翻转课堂下,提问以视频中提问,问卷式提问,弹幕式提问等多种方式,促进学生认知能力的发展,有利于帮助学生建立思维模式和培养学生的发散性思维。

(三)充分发挥学生主体作用的措施

主体性是人的本质属性,是现代人素质的重要特征。学生作为教学活动的主体作用主要体现在:学生是受教育的主体,一切教育活动都要服务和服从于主体,调动他们能动地发挥自己的潜能;同时,作为教学活动的中心,学生是内因,教师、教材、教学手段和方法都应服务于学生的"学"。教师应科学地引导学生积极参与到教学活动中,扮演教学活动的主角,而不是把学生看作被动接受知识的对象。教师在引导学生学习的同时,必须充分调动和发挥学生的主观能动性。学习效果的好坏,很大程度上取决于学生。

1.构建平等、和谐的师生关系

传统英语教学中的师生关系,实际上是一种不平等的关系。教师是教学的主体,他们根据自己的设计思路开展教学,并对学生学习做出权威的评价。这种"不平等"的师生关系,遏制了学生的语言学习欲望,严重阻碍了他们的创新思维和学习主动性的发挥。翻转课堂以学生为中心,强调一种新型平等的师生关系。教师在教学中利用翻转课堂,与学生建立互信、平等交流的新型关系,为学生营造宽松和谐的学习氛围,从而真正体现教学相长的思想。真正建立起平等的双向沟通交流管道,从而最大限度地发挥学生的主体作用,挖掘他们的潜在能力,获得最佳教学效果。

2.正确引导学生充分认识自己在学习中的作用

建构主义学习理论认为,知识不是通过教师传授得到的,而是学习者在一定的情境(即社会文化背景)下借助其他人(包括教师和学习伙伴)的帮助,利用必要的学习资料,通过意义建构的方式获得的。它提倡建立教师指导下以学习者为中心的学习,既强调学习者的认知主体作用,又不忽视教师的主导作用。教师是意义建构的协调者和帮助者,而不是知识的灌输者。学生是信息加工的主体,是意义的主动建构者,而不是外部刺激的被动接受者和被灌输的对象。翻转课堂以教师作为协调者,学生作为学习主体,引导学生认识到自己是学习的主体,学习主要靠自己,教师只是自己通向知识宝库的引导者,只有通过自己的努力才能真正理解知识内涵,发现事物的本质,提高自己的能力。

3.积极挖掘和培养学生的内部学习动机

学生学习动机是促进学生学习兴趣形成的前提条件。一个有强烈学习动机的人,才可能有强大的学习动力,也才可能主动地投入学习中去。[①] 翻转课堂以全新的学习模式,极力帮助学生增强学习兴趣,提高学习动机。学习动机包括四种类型:①外部动机:学习的目的是获得某种物质奖励。②社会动机:学习的目的是让身边某些人物(如父母、教师)高兴。③成就动机:学习的目的是体现自身的优越性,获得某种价值感。④内部动机:学习是因为学习过程能满足自己情感或智力的需要。

翻转课堂在大学英语课中,尤为注重激发成就动机和内部动机,以帮助学生更好地参与学习活动,善于培养学生自我激励学习动机,促使他们积极主动地投入学习过程,并从中获得乐趣,这对充分发挥学生学习主体性、全面提高教学效果具有很重要的意义。

4.充分调动学生自主学习的主动性

学生学习的主动性包括学习的自觉性、趣味性和思维的积极性。具体地说,学习自觉性包括学生能自觉地确立学习目标,制订学习计划,总结学习方法和解题技巧,整理教材知识,建立认知结构,发现和解决问题。学习的趣味性是指学生能从学习知识、解决问题的过程中获得满足感,并沉浸于知识的学习和问题的解决之中。思维的积极性是指学生能够以兴奋活跃的思维状态来面对英语语言知识和技能,在加强基础知识和基本训练的同时,使基础知识转移为语言技能,并发展成为运用英语进行交际的能力。

5.全面培养和激发学生的学习兴趣

兴趣是学习的动力,学习英语的兴趣越浓,学习的积极性就越高,学习的效果就越好,如果能把兴趣培养成为学生学习英语的一种心理需求,就可以使学生养成自觉、主动学习英语的习惯。课堂教学是教师激发学生学习兴趣、提高学生参与行为的重要场所之一。翻转课堂可以使课堂显得生动活泼、有吸引力,做到在传授知识的同时又注重学生能力的培养。这样,就能极大限度地激发学生学习英语的兴趣,使他们逐步改善学

---

① 李睿.学习者因素视角下的大学生英语学习研究[M].兰州:兰州大学出版社,2020.

习态度和学习方法,继而产生强烈的课堂参与和互动的愿望。这会极大地促进教学活动的开展和教学质量的提高,使教与学真正进入良性循环。

因此,教师在设计和开展翻转课堂教学时:

首先,要为学生创设最佳的学习状态。学生在英语课上的感受直接影响他们学习英语的积极性。平淡无奇、呆板乏味、一成不变的教学方法,会压抑学生的学习兴趣。课堂以教师为中心,学生处于被动的地位,难以进入学习之"门"。相反,愉快的课堂气氛、轻松的学习心态、有趣的语言环境和积极的自我参与意识,能促进学生最大限度地获取语言信息量。翻转课堂教学可以帮学生体会到课堂有趣、学习轻松及有效学习的状态。

其次,要创造仿真环境,使学生置身于地道语言学习情境之中。英语语言知识是学生在教师的指导下,在一定的语言情境中不断训练而掌握的。学习环境中的情境必须有利于学生对所学内容进行意义建构,翻转课堂要考虑创设有利于学生建构意义的情境,并把情境创设作为教学设计的最重要内容之一。

最后,要创造条件,激励学生创造性思维的发展。当今信息时代知识更新日益加快,新形势下人才培养的标准不再仅仅是他占有知识的多少,而是更加强烈地呼唤着对能力和创造性思维的培养。在翻转课堂的设置中,可融入更多的思考题,帮助学生更好地提升思维能力。

二、利用翻转课堂模式培养高校学生自主学习能力

在英语学习中引入翻转课堂,可以满足学习者个性化学习的需求。在这种模式下学生成为学习的主体,但有效的自主学习是前提,在运用过程中要诊断问题,并探究新的路径和控制策略。如果在这种学习过程中注重自主学习能力的培养,进行有效的学习,该模式将能为英语教学改革开辟新的路径。翻转课堂是指在信息化环境中,教师创建相关课程内容的教学视频和各种信息化资源,学生在课前自主观看学习教学视频等教学资料,在课堂上师生共同完成作业答疑、互动交流和协作探究等活动,

实现其对新知识的掌握和内化,从而完成学习过程的一种师生教学互动模式。

(一)翻转课堂中自主学习的核心特征

1.有目的地学

在翻转课堂中,自主学习首先体现在自主学习任务书的填写,它是由师生共同填写的,是学生进行自主学习的导航。学生的学习目标、学习任务都会在其中体现,它能让学生在教师的指导下,按照自己原有的认知水平和知识储备,有步骤、有目的地学习,学生的自主学习不再是盲目的计划。其次,在学习资源方面,它不同于传统教学中的自主学习资源,如学生在课前预习时通过阅读教材对知识一知半解,或是自己在网上搜索出的视频讲解,与所学课程重点无法对接。在翻转课堂中,学习资源是教师通过反复研讨,对适合本章节或项目的学习目标进行设计和整理出来的,能够对学生的自主学习进行有效调控。最后,在课前的自测练习和课上教师对学习任务完成情况的点评,使学生自主学习时能够正确地自我反馈和自我总结。总之,翻转课堂中的自主学习培养了学生的元认知,使学生对课程能够有目的地学。

2.主动地学

根据多元智能理论,在师生共同编制自主学习任务书的最初阶段,教师应给出建议的学习或工作目标及对应的不同难度等级的学习或工作任务,允许学生依据自身不同的基础自主选择并进行适度修改,学习资源的提供也是分层次的,这尊重了学生学习能力与基础的差异性。这样,学习成果的优异,对于不同水平的学生来说再也不是无法触及的,从而激发了学生内在的动机性学习和有兴趣的动机性学习,进入自主学习的良性循环中,不会像传统教学中,大部分学生毫无学习成就感。在翻转课堂学习中,学生可以掌握更多的自主权,主动选择适合自己的既有挑战性又可以通过努力完成的学习目标和学习任务。总之,翻转课堂使学生逐步脱离了对教师讲授的依赖,在教师的指引下能够主动地去学。

3.有选择地学

在翻转课堂学习中,由于学习目标和任务具有选择性,以及教师提供的学习资源具有多层次性,学生能够很好地选择出适合自己的学习内部环境。教师根据学生学习认知水平均衡的原则,合理地组建学习小组,制定小组组长的轮换机制。任务展示前的小组内的激烈讨论,以及任务展示中的小组间的相互点评,让在课堂上的学习氛围更加浓烈,这使得学生对学习的外部环境具有选择的、可控的能力。翻转课堂中的自主学习提升了学生的学习效果,使学生的自主学习更具有选择性。

(二)翻转课堂中自主学习的学习资源

1.自主学习任务书

自主学习任务书是以表格的方式呈现的,它是由教师和学生共同设计编制的。它是学生自主学习的指明灯,也是教师制作微课的依据,是自主学习在翻转课堂中的充分且必要条件。它主要分为学习目标、学习资源、学习方法、学习任务和学习评价等项目。它是学生根据自身的实际情况、学习时间和学习内容有规划地进行自主学习。它是教师能够有效进行翻转课堂的得力助手,是改变教学模式、提高教学质量的关键。自主学习任务书中的学习目标和学习任务,一定要注意不是教师来下定论的,它是在明确以学生为主体地位,必须由每位学生根据自身的学习基础和学习能力成长水平的特点,在教师的指导下按需要完成的。学生的学习态度、学习过程和学习方法等,参照学院批准的课程标准,由学生和教师共同进行客观评价。在填写自主学习任务书的过程中,教师在把主动权交还给学生的同时,要加强对学生学习过程的监督和指导,既要让学生树立起主动学习的责任心,也要让自主学习成果得到有效的保障。学生从依赖性地学习到主动自主地学习的转换,离不开教师智慧的监督和干预,自主学习任务书就是这个转换过程的有力手段,使学生在了解自身学习水平的同时,明确学习目的,激发学习兴趣和学习动机,能够有计划、有管理、有反馈地完成学习任务。

2.微课

(1)教学主题设计

在一门课程实施翻转课堂教学模式的过程中,教师团队,根据学生学习特点,共同制作一系列对课程有价值的微课视频和学习资源包。以学生的现有水平为学习起点,以学习实践知识和必要的理论知识为基础选择课程内容,确定教学主题。微课不能脱离学习任务单独设计出来,它要依据自主学习任务书中已经确定的学习任务,选择符合学生学习认知范围的内容进行设计和开发,一定要简明扼要解决问题。

(2)教学内容制作

①分析。在学科带头人的带领下,教师要对微课的制作进行研讨。首先,要明确制作的微课要给什么样的学生进行展示,这些学生具有怎样的学科基础和智能特点;其次,要分析教学需求,清晰地明白微课为什么做,能够解决怎样的问题;最后,要细化知识点,将知识点进行切割,要做到一个微课的内容只展示一个知识点,只解决一个典型的问题。

②设计。第一,学习目标的设计。必须明确一个微课视频主题的唯一性,要能体现出一个微课的教学目标是什么,能够让学生知道什么、掌握什么。微课的时间不宜过长,要控制在 10 分钟左右。如果是重点内容,短时间内无法讲述完整,可以将其分解成若干个小的主题片段来呈现。第二,表现形式的设计。微课需要脚本设计。不同的学习内容要用不同的呈现方式。根据学习目标需要,来确定微课的视频形式。录屏式,可采用计算机和手机软件来进行,在同期配备讲解的画外音,适合理论或流程为主的知识点;实地拍摄式,适合实践性比较强、动手性比较强的课程,视频中出现的是演示的动画、技术技能的示范操作;可以选择教师是否出镜,或者选择画中画模式,但要充分考虑教师讲解图像的大小和布局,以免分散学生注意力。第三,教学活动的设计。视频的制作不是为了取代传统的课堂授课形式,而是通过刺激学生的感官来促进学生动脑学习。在开发视频时,根据教学内容需要,确定微课中的教学活动,同时要考虑吸引学生注意力,激发学生学习的需要。教师从头至尾一味地讲会

使学生有倦怠感,可以在微课中设置必要的练习环节,练习内容以问答、选择为主,学生不需要经过很长时间的思考就能作答,设置练习环节的目的,只是引导学生学习,保证视频观看效果。

③制作。微课视频的制作,可以采用原创开发、加工改造、和以往学生优秀案例引用,由教师和学生共同完成。第一,原创开发。教师教研团队录制的微课视频,是教师根据课程标准中设定的教学目标和教学内容研讨出与之相符的视频资源,甚至可以根据本专业学生的知识差异性,来制作出不同层次、不同时长的视频。第二,加工改造。教师也可以利用网络视频资源,查找相关优秀的视频作为脚本,根据本课程的目标和内容进行重新组织,经过加工编辑,将其制作成为己所用的微课视频。第三,以往学生优秀案例引用。在实施翻转课堂教学过程中,教师应注意收集整理学生录制完成的优秀案例,进行剪辑编制后应用于教学当中。教师也可以与学生共同进行微课设计与制作,学生的创意更贴近自主学习实际,因此可以大胆地将课程中的简易工作任务交给学生来完成,这样更能激发学生对所学内容的兴趣。

④发布。课程团队要选择课程翻转课堂教学平台进行微课视频的发布,教学视频一定要与自主学习任务书同时发布,以便学生依据自主学习任务书的内容,通过观看微课视频来进行自主学习。发布的时间要符合课程的教学设计和教学安排,既要保证学生有足够的时间完成课前任务,也要预留教师检查学生学习反馈的时间。在翻转课堂实施的前期,教师要让学生逐步适应新的教学模式。

(三)翻转课堂中培养学生英语自主学习能力的路径

自主学习不但受到学习者个体内在因素的影响,还受到诸如社会环境、学习氛围、师生关系、信息资源等外在因素的影响。在大学英语翻转课堂模式下,学生可以通过以下途径来提高英语自主学习能力。

1.设置合理的学习目标

在翻转课堂的学习中要注意设置合理的学习目标,提高学生的自我效能感。翻转课堂的视频内容的选择和安排要注意设定相对具体的学习目标,这些目标相对简单,学生在短期内能够实现,如在教学视频后设置小测验或者闯关游戏。学生可以轻松地在英语小测验或者闯关游戏中进行语音的纠正、同学之间的竞赛。由于近期目标比较容易快速地实现,学生能够较快地体验到成功带来的喜悦,进而产生学习兴趣。然后学生再设置较高难度的目标,但是这些目标需要通过努力才能实现,如需要通过小组或者师生协作、互助完成英语项目。这些复杂的学习目标,在学习过程中可以通过重新分解,变成若干个相对简单的目标。教师在帮助学生设置学习目标时要向他们讲解如此制定目标的意义,并且调节不同学生的评价标准,给予适时的评价,充分挖掘优点。合理的学习目标、可以仿效的学习榜样都可以帮助学习者增强自我效能感,从而达到令人满意的自主学习效果。

2. 注重英语学习过程的交流与合作

自主学习并不是孤立学习。自主学习虽然强调学习者的主动性和独立性,但不排斥合作和交流。每个人考虑问题的角度不同、思维模式不同,如果学生能在翻转课堂自主学习的基础上进行协作学习,就视频中所遇到的问题进行讨论、探究,进行观点的交流和思维的碰撞,那么就可以有效提高分析问题、解决问题的能力。学生的社会性是成功开展自主学习的重要条件,研究表明,在学习中的人际互动能够更好地提高学业成绩。师生之间、生生之间如果组成学习的共同体,将能够相互启发、互助互学,达到资源共享。这种互动学习往往会起到教师讲解无法达到的效果。在以人际互动为取向的教学模式中,由于学生的主体地位得以体现,学习积极性将得到增强,学习的自主特征也会更加明显。因此,教师在翻转课堂的课前学习中可以布置各种合作学习任务,促进学生的交流互动,对所学的知识进行运用,并且互相监督自主学习过程。

合作学习要求小组成员之间互相协作完成任务。如在英语口语教学中,学生在观看相关语言点的视频后,教师可以根据社会的热点问题让学生在课余以小组合作的形式拍英文的小视频或者制作 PPT,共同完成基于真实语境的教学任务。在制作过程中,学生会有较大热情去查找相关的英文资料,反复练习英语口语,使听力、口语得到一定的练习。然后在课堂上呈现 PPT 或者视频和同学进行评论和打分。在这过程中,教师要对学生的成功之处给予充分肯定和表扬,同时也要让学生了解自己的不足。

翻转课堂的学习还可以充分运用"以学促学"的教学方式,在这种教学方式中优秀学生的引领作用非常明显。教师在信息化环境中提出问题之后只需负责引导和监控,问题则由优秀的学生在网络上进行回答,去引领和带动其他学生。由于教师不在场,学生需要帮助时学习伙伴就充当了教师的角色,从而使问题得到及时的解决,语言知识得到进一步的巩固。翻转课堂的学习中,还可以充分利用大众化的英语网络社交平台,学生在这些平台上可以进行口语交流、听力练习、问题解答,并分享学习体验和心得,从而形成交互式的网络学习社区。这样既解放了教师,又满足了学生个性化的学习需要。

3.为自我评价提供持续的评价信息和情境

自我评价是指最终获得成绩与预先设定目标之间的比较结果。[①] 在学习过程中,学习、反馈、评价、修正形成闭合的自主学习循环链,学生通过监控自己的学习策略、方法、技巧在实现学习目标方面的效果,并就反馈信息做出回应,在循环过程中,学生的学习得以不断提高。有效的评价信息可以促使学生进行自我监控。自我监控可以生成引导后续行为,是目标和过程联系的认知过程,在自主学习中非常关键。自我监控依赖于两个重要的自主成分:反馈和目标设定,它们相互作用促进自主能力的发展。反馈信息可以促使学生在自主探索和建构知识的过程中,形成对客观事实的认识能力。合理及时的反馈可以激发学习者的学习热情,维持学生的学习动机并使用正确的学习策略。

在翻转课堂的学习中,教师可以根据学生的特征差异和学习需求,以及学生在学习过程中的表现,如小组学习和协作学习中的口语对话、合作交流的表现、参与程度、参与频率等给出不同的成绩评定并布置个性化的

---

① 何冰,汪涛.翻转课堂与英语教学[M].长春:吉林人民出版社,2019.

任务。充分利用翻转课堂的各个平台,如慕课、网络课程、网络资源库的管理模块,记录学生在学习过程中的作业提交、讨论数据、登录情况等数据,为学生建立个人学习档案。根据学习过程中的表现和个人档案中的数据,评定学生学习成绩,采用形成性评估和终结性评估相结合的方式,这可以在一定程度上约束和监督学生的自主学习行为。

(四)翻转课堂模式下教师的课程资源建设及指导作用

1.建立丰富而有特色的翻转课堂学习资源

在大学英语翻转课堂中,教学视频承担了传授知识的重要任务。教学视频的作用是"激发、影响和告知",其特点为生动的、有教育意义的、创造性的、可引人思考的、可以理解的、相关的和令人兴奋的。英语翻转课堂的视频设计可采用多种形式,如提问、对话、分析。视频的长短根据教学内容、学生特点及一些具体情况来把握,但是不宜时间过长。视频学习之后设计随堂测试,测试可以设计成通关游戏,答对的学生才能进入下一个教学环节。这种教学模式可以充分利用学生的碎片化时间,满足其随时随地学习的需要。在视频讲解时注意语音清晰,语速适中,语言生动幽默。课程设计上将知识点都嵌入交互式的问题设计,在知识呈现环节,通过色彩、符号或者特写突出重点。翻转课堂的课前自主学习资源,除了教师事先制作好的视频资料,还要有更加丰富的教学资源,促使学生个性化学习,提高学习兴趣。教学资源除了教材内容,还要包括对教材有补充且满足学生实际需求的内容,突出英语的丰富性和人文色彩,营造出接近以英语为母语国家的学习气氛。翻转课堂的教学资源的建设,需要设立清晰的导航导学栏目,以主题单元为主线,归类各类资源,设立课题库、视频库、案例库、习题库、作品库等。

2.注重发挥教师的指导作用

翻转课堂并不是"视频教学"的代名词,课堂上以教师与学生之间互动交流为外在表现形式的"知识内化"的过程,才是翻转课堂的核心和关键所在。从表面上看,翻转课堂似乎用视频教学取代了教师,教师的作用被弱化,但是实质上,课堂通过翻转,教师不再只是教学的传授者,更多成了学习过程的指导者和促进者,学生主动探究知识,成为学习活动的主体。在翻转课堂学习过程中,教师的作用其实是得到了强化而非弱化。教师是翻转课堂自主学习中学生学习的伙伴。在慕课、云计算、物联网、大数据等综合技术支持下的翻转课堂,教师可以利用平台上产生的海量的学习资源,不断改进教学内容和教学环节设计,提供个性化学习服务。教师通过有意识地培养学生发散思维、创造性思维、学习策略运用能力、沟通合作能力等综合素质,帮助学生提高知识内化能力。通过多种交流方式,如课堂面对面的交流、网络课程的答疑板块、电子邮件、QQ、MSN、微信等多种渠道进行书面或者口语的交流,形成师生之间多元化、多维度的交流机制。英语的互动交流、答疑解惑可以在帮助学生完成知识内化的同时,纠正语音、语法、表达的错误。相比传统的课堂,学生用英语表达的时间、方式、空间得到了有效的延伸,学生在完成大量语言输入的前提下实现良好的语言输出,并且在互动交流中,学生获得良好的心理体验,从而形成教学相长的良性循环。

翻转课堂无疑是一种新型的、有活力的教学组织模式。翻转课堂满足了英语学习的个性化学习的需求,有利于学习者自主学习能力的提升,有助于构建新型师生关系,有助于促进教育资源的重新整合与优化配置,实现教育公平。如果能在翻转课堂学习过程中注重学生自主学习能力的培养,发挥学生的主观能动性,将能够有效弥补现行的英语教学模式中存在的一些弊端,为英语教学改革开辟新的思路。

第三节　翻转课堂在大学英语教学中的创新路径

翻转课堂教学中,最重要的概念是翻转。这里所说的"翻转",包含着以下两层意义:

首先,翻转课堂教学是学生和教师在课堂教学角色中的翻转。在我国传统的教学模式当中,学生的地位十分被动,大部分时间里都是坐在课堂上听教师讲课,由于学生对课堂教学的参与程度较低,所以他们在课堂教学中,就会很容易出现上课专注度较低以及对课堂教学缺乏学习兴趣等情况。而翻转课堂教学则突出了学生的主体地位,并在实际的课堂学习中,给予学生了一些自主权,使学生意识到自己才是课堂学习中的主体,教师则是充当配合学生完成知识学习的引导者的角色。这样不仅会激发学生对学习的积极性,还会使学生的学习成绩得到显著提高。

其次,翻转课堂中的翻转还表现在课堂内部学习以及课堂外部学习两个方面。在我国传统的英语教学模式当中,学生的课堂内部学习,是学生获取知识的主要途径,而课外学习则是课内学习的巩固和升华。但是翻转式课堂学习模式却恰恰与之相反。在翻转课堂的教学模式当中,课外学习是学生学习文化知识的主要途径,学生对于很多基本知识的学习,都是通过自身的课前预习来实现的。学生在上课之前,对所要学习的知识进行预习,可以节约教师课堂教学的时间,使教师能够有足够的时间组织学生进行与课堂教学内容进行相关的讨论,并且对于一些课堂教学中的重点和难点,进行集中式的谈论。在讨论结束以后,教师还要组织学生对这些知识进行讲解,在必要的时候,教师还要对课堂教学中的内容进行必要的总结和补充。

近年来,翻转课堂教学作为一种新兴的教学模式,已经逐渐地被不同的学校应用到各个学科的教学中去。很多高校在翻转课堂教学模式的应用过程中,取得了较为理想的效果,也有的学校将本校较有成效的教学理念和教学模式制作成了相关的教学视频,并将这些教学视频通过网络的形式进行上传,为世界各地学校开展翻转式课堂教学提供了借鉴。这些较为成功的教学课件,一经上传就获得了大量的点击量,并且获得了教育学界的一致好评。目前,世界很多学校对于翻转式课堂教学模式的应用,取得了一定的成就,在教学模式体系的构建方面也变得日趋完善。下面将讨论翻转课堂在大学英语教学中的创新路径。

第一,学校在对学生的英语课堂教学实行翻转式教学的过程中,要使学生对自身在翻转式课堂教学中充当的角色加以明确，并让学生明白什么是翻转式课堂教学，以及翻转式课堂教学的具体意义。为了打破英语教学模式中，对人才培养存在的高分低能的现象，在英语教育中实施翻转式课堂教学是十分有必要的。在翻转式的英语教学模式当中，应该着重对学生进行英语能力的培养。其中，首要的就是转换学生的英语学习观念，使学生明确，课堂教学的中心既不是他们所认为的教师，也不是作为教师教学依据和学生学习依据的教材，而恰恰是学生本身。英语教师也应该对自身在课堂教学中所充当的角色加以明确，并且要扮演好学生英语学习过程中指路人的角色。此外，学校还要对英语学习的考核以及评价机制进行相关的改革，让学生摆脱传统英语学习过程中的包袱，不要为了成绩而被动地去学习。

第二，学校在实行翻转式课堂教学模式教学的过程中，要对学生的合作意识进行培养，并且要对学生的主体性定位进行充分的发挥。翻转式课堂学习并不是独立存在的，而是需要一些教学模式作为依托的，而合作式学习则是翻转式课堂教学中的一个重要组成部分。一般情况下，我们所说的合作式学习，主要包括课堂内部的小组合作和课外的小组合作两个部分。首先，我们先来讨论一下课堂内部的小组合作。为了使每个学生都能够充分地参与到翻转式课堂的学习中来，英语教师在对学生进行英语教学的过程中，要根据学生的实际情况为学生划分学习小组。在对学习小组进行划分时，英语教师要对学生的学习能力以及活跃程度进行充分的考虑，不能为了方便或者是节约课堂的时间，而仅仅是凭借着座位为学生划分英语学习小组。英语教师应该意识到，在一个英语学习小组中，如果大部分学生都过于活跃，那么他们在进行课堂讨论的过程中，在对课堂知识的讨论结束以后，很容易在课堂中说一些与实际课堂教学无关的话题。而对于活跃程度较差的学生来说，他们在进行小组讨论的过程中常常缺乏足够的热情，只是为了应付教师的检查，而做一些形式主义的事情。所以，英语教师在进行学习小组的划分过程中，要对这些问题进行充分的考虑，尽量做到学习小组划分的合理性。除了课内学习小组以外,对学生进行学习小组的划分还包括课外学习小组的划分。由于翻转式学习模式要求学生利用课余时间对所要学习的知识进行预习,并对一些基础的知识加以掌握,而课外学习小组的设立,会为学生的课外学习起到很好的监督作用。

第三,学校在开设英语翻转式课堂学习的实际教学工作时,除了要将注意力放在提高学生的基础知识上面,还要注重对学生进行学习能力的培养。众所周知,英语是一门语言,学生学习英语是为了以后能够在实际的环境中对其加以利用。所以,学校要积极为学生创造英语实践的机会。比如,教师可以利用学生的课余时间,组织一些与英语学习相关的课外活动。在课外活动的选择上,英语教师要遵循多样性的原则,除了传统的外文朗诵、外文话剧以外,还可以组织一些外文歌曲比赛,使学生在轻松愉快的氛围中,对英语知识加以利用。另外,教师在组织英语活动的过程中,应该充分发挥学生的主体性地位,让学生感受到自己是活动的领导者和参与者,进而激发学生的积极性,让学生主动地参与到课外活动中来。对于一些有留学生的高校,教师要为本校学生和留学生之间建立起较为紧密的联系,这样留学生和本校学生之间就会相互帮助,进而促进学生英语学习成绩的提高。

翻转课堂的出现,改变了我国英语课堂教学的现状,突出了学生的主体地位,从根本上调动了学生学习英语的积极性。[①] 从目前的情况来看,我国英语教学的翻转课堂建设已经取得了一定的成就,但是对英语翻转课堂的建设是一个相对动态的过程,需要随着时代的发展不断地丰富和完善,并需要我们每一个教育工作者的共同努力。

---

① 戴朝晖.基于慕课理念的大学英语翻转课堂研究[M].青岛:中国海洋大学出版社,2019.

第六章　移动教学理念下的大学英语教学

第一节　移动学习的基本原理阐释

信息技术的迅猛发展,推动了整个社会的信息化进程,也加快了教育迈向现代化、信息化的步伐。远程教育作为现代社会的一种重要教育形式,也随着信息技术的发展而得到了快速的发展。计算机技术、多媒体技术、有线通信技术的成熟,使得远程教育的手段有了质的飞跃,促使远程教育在近些年得到了长足的发展和巨大的成功。随着移动学习终端的普及和移动通信网络的发展,移动学习逐渐成为远程教育中研究和应用的趋势和热点。

一、移动学习的概念

在知识经济时代的今天,全民学习、终身学习的学习型社会已经形成,"随时随地"的学习被强调,移动学习将会成为人们进行终身学习的必然选择。由远程学习和移动通信技术相结合产生的移动学习将成为继远程学习、电子学习之后的第三种学习方式。

移动学习(M-Learning)是指学习者在非固定和非预先设定的位置下发生的任何类型的学习,或者是学习者利用移动技术提供的优势所进行的学习,其特点是基于实现"Anyone、Anytime、Anywhere、Anystyle(4A)"下进行的更自由的学习。移动学习在学习形式上是移动的、在实现方式上是数字的、在学习内容上是互动的,它除了具有 E-Learning 的多媒体性、交互性、自主性以外,还具有学习便捷性、情境相关性、实用性及个性化等特点。移动设备和情境很好地结合,移动技术对社会关系网络的增强,移动设备的普适性,使移动技术在支持情境学习、社会性学习、非正式学习等方面更具有独特的优势。目前移动学习的实现主要是通过将资源下载到本地及通过手机软件进行在线互动学习,并通过短信、窄带网络进行补充,即"在线更新、离线学习"的方式.移动学习和无线通信技术两者相结合的产物,它是以手机、PDA 等移动终端为学习工具,通过无线通信技术来传递教学信息,学习者可以随时随地进行学习的一种学习方式。它具有灵活性、高效性、交互性、广泛性、个性化等特点,可以给学习者带来随时随地随身进行学习的全新感受。智能手机移动学习作为一个新兴的研究领域,对它的研究还非常有限。到目前为止,还没有实现具体、理想的广域或区域的移动学习系统的应用。因此,关于移动学习的研究和系统设计开发,对移动学习的发展、学习社会的建立都具有重要意义。

移动学习经过近几年的迅速发展,正发生着深刻的变化。在线教育也开始进入爆发期,移动学习作为一种在线教育的形式发展迅速。以 iPad、智能手机为代表的移动终端设备的大面积推广应用使得移动学习成为课堂学习的有力补充方式。以电信网络运营商、校园网络平台、学习资源网站为代表的多种形式的网络资源给移动学习带来了前所未有的良好条件。将学生利用移动设备进行的学习称之为"移动学习",也就是应用移动设备开展的学习。

二、移动学习的特性

(1)移动性。学习者可以在步行中、行驶的汽车上、行驶的轮船上及飞行的飞机上等任何地点学习,不受传统教学固定场所和有线网络固定接入点的限制,同样不受时间的限制。教育者也可在移动中进行教学。

(2)及时性。在工作、生活或社交等非正式学习时间和地点接受新知识的学习,移动学习系统提供 Just-in-Time 的学习内容,学习者可以在要学某些知识时马上学习,因此移动学习又可称为及时学习。教师也可通过移动因特网,借助移动终端及时进行辅导。

（3）情境性。移动技术为情境学习提供了支持,利用手持移动学习设备,无论走到哪里,学习者都可以进行学习,并使得教与学真正突破时空的限制,实现了真正意义上的"活学活用"。

（4）个性化。移动学习可以根据学习者的特点和要求进行专有的、个性化的教育服务,更好地实现自助服务,得到更多有用的信息资源。移动互联的个性化技术正在改变着学习者的校外生活。移动互联的个人手持设备将能够为学习者创造"无缝学习环境",学生能够在不同情景中学习,并且通过作为媒介的个人设备,方便快速地从一个情景进入另一个情景。

（5）虚拟性。教师可以通过网络动态地组建虚拟学校和虚拟教师队伍,学生可以动态地组建虚拟班级。教师和学生的教学关系也可以是动态虚拟的。

移动学习是在无线移动计算设备（如移动电话、PDA、笔记本电脑等）的帮助下进行的学习。[①] 移动学习是在 E-Learning 的基础上发展起来的,是 E-Learning 的扩展。移动学习除了具备 E-Learning 的所有特征之外,还有另一个重要特性,即学习者不受空间限制,不再被限制在电脑桌前,可以随时随地进行不同目的、不同方式的学习,教师和学生都可以处于移动的状态。移动学习实现的技术基础是移动计算技术和互联网技术,即移动互联技术。移动学习是一种双向交流的学习方式,学习者和教师或同学可以随时随地进行互动交流。综上可见,移动学习是指学习者在非固定和非预先设定的位置下发生的学习,或有效利用移动技术所发生的学习。

移动教育是移动通信、网络技术与当代教育有机结合的结果,也是现代教育技术的前沿成果,移动教育的推广和发展必将引起教育技术和手段的巨大变化。利用手机可完成许多教学活动,操作不受时间、空间和地域的限制,应用前景十分广阔。在中国这一自古就重视教育的土地上,一旦移动学习在观念上为人们所真正接受,那么它的发展前途绝对会一片

---

① 宁雅南.微时代背景下外语教学整合研究[M].北京:光明日报出版社,2017.

光明。

三、对现有移动学习模式的思考

人在"移动"时,注意力高度分散,学习者只能在"片段式"和"零碎"的时间中学习,移动学习模式应该满足精确的资源推送和高效的交互验证。结合移动学习模式应用情况进行分析,当前四种模式的不足具体体现在以下四个方面:

(1)简单的文本信息推送。学习者接收的短信只能是简单的文本信息,用来告知学习内容和教学信息或利用下载的资源学习,内容表现单一。网页上有大量的学习资源,很多内容都不是学习者想要的,系统仅提供搜索和浏览的方式,学习者要自己进行了解选择,浏览查询容易迷航,在带宽和用户时间都有限的情况下,必然导致用户查找信息犹如大海捞针。

(2)缺乏有效的指导和验证。在远程学习中,学习者处于主体地位,教师的角色转变为指导者、帮助者,要为学习者提供咨询、支持和鼓励,并对学习效果进行验证评价,而移动学习系统只是简单的知识存储和检索库,缺少优质资源,不能很好进行答疑、指导和评价功能,进而很难调动学习者的积极性。

(3)人机交互效率较低。信息社会效率是永恒的话题,但是移动终端设备使用时糟糕的网络连接、昂贵的网络通信费用和复杂的人机交互界面,造成传输质量差、登录网络速度慢等问题,降低了学习者的学习效果。学习者要搜索一点内容,或者找不到,或者针对性不强,花了时间和精力而收获甚微。系统虽然支持资源的浏览和一定程度的交互,但是交互效率非常低,启发性不好,学习者不能及时得到反馈,不能使学习者真正受益于移动学习带来的便利。

(4)人与人之间的交互问题。移动学习也强调协作学习,大家共同探讨,虽然学习者和教师及学习者之间可以在当前的移动学习应用框架下依靠微信、QQ、论坛等通信工具进行交互,但是却不能真正实现根据所需随时随地进行实时交流学习,内容仅限于文本和语音,很难消除学习过程中的"孤岛效应",讨论的信息不能有效地组织和整合,使用者常常需要从大量的讨论结果中进行甄别和进一步验证。

综上所述，当前移动学习受带宽、传输速度和输入输出的限制，其互动系统多基于文本和语音交互，并以个人信息或知识的分享为重点，交互程度非常低，并不能充分发挥移动学习对于情景学习、社会化学习及非正式学习的优势。智能手机的出现和面向高速、宽带数据传输的 4G 技术的发展，将逐步解决移动学习现阶段存在的人机交互效率低的问题；而对于移动学习中人与人交互困难这一问题，可以借鉴网络远程教育中的专家系统来解决，移动学习者只要在智能手机上下载并安装专家系统软件，就可以像操作 Windows 系统一样，完成与专家的交互。移动学习将逐渐从"在线更新、离线学习"为主体的方式走向网络化、智能化，将逐渐成为人们日常学习的一种重要学习方式。

四、移动学习的技术应用

国内移动学习在技术应用的范围还比较小。移动教育的现有方案中使用通信协议的不同，分为基于短信息的移动教育，基于浏览、连接的移动教育两种形式。

(1)基于短消息的移动教育。通过短信息，不仅用户间，而且用户与互联网服务器之间都可以实现有限字符的传送。用户通过手机，将短信息发送到位于互联网之上的教学服务器；教学服务器在分析用户的短信息后转化成数据请求，并进行数据分析、处理，再发送到用户手机。以此进行用户与服务器之间的互通，完成一定的教学活动。

(2)基于浏览、连接的移动教育。移动用户使用无线终端，经过电信的网关后可接入互联网，访问教学服务器，并进行浏览、查询，实时交互，类似于普通的互联网用户。目前只能浏览基于 WAP 协议的服务器，还无法正常访问显示 HTTP 协议的服务器。

五、移动学习模式带来的挑战

(一)教师能力的挑战

第一，移动学习要求教师具有较强的教学驾驭能力，按照教学原则，在课内外有效集成移动学习模式。第二,教师要能客观评价宏观教学环境和微观课堂教学环境,能判断在课内外使用便携式电子设备的合适性,能决定在教学中应用移动学习的方式和范畴。第三,教师还要对移动技术有一定了解,能熟练使用手机等掌上电子设备的各种功能。第四,教师要熟悉国内外移动学习应用资源,能结合教学内容开发基于移动设备的资源平台。

(二)设备与硬件的要求

移动学习受到硬件以及便携式移动设备功能的限制,学生不可能都使用同一类型的手机或小型掌上电子设备,不同设备操作系统可能不同,教师在设计教学任务或资源平台时必须考虑系统的兼容性,或者为不同的操作系统分别设计任务包。技术支持部门必须能为不同系统提供技术支持,确保在课堂上、校园内,随时随地为学生提供稳定的无线网络接入服务。

(三)教学管理的问题

在教学中使用移动技术时要注意,上课时间上网或使用手机,会分散学生对教学内容的注意力,或者使学生分心浏览与学习任务无关的内容,而不是把时间花在完成课堂任务上。在课上有效时间内如何规范、监督和引导学生合理使用手机完成教学任务,不做与上课无关的事情,这是使用移动教学模式之后,教师和相关管理部门必须面对的教学现实问题。

(四)网络安全的问题

移动学习模式,在网络安全方面也存在隐患,用户个人资料和信息有被不当使用的可能性。学生在课上使用网络,有些网上信息内容根本不合适上课使用。学生还可能受到网络上虚假、不健康、不安全信息,以及网络广告,甚至是来自于陌生人的无关网络资讯干扰,这些都可能带来各种网络安全隐患。学校教学管理部门必须结合教学条件,移动网络和移动电子设备使用情况,学生对移动学习态度等因素,制定相应规定,教师应根据客观实际和教学需要,考虑是否以及如何将移动学习模式应用于教学,提高教学效率。

第二节 移动学习在英语教学中的应用

一、移动学习在英语教学中应用的原则

(1)学习形式的多样性原则。移动学习借助于无线移动设备,通过手机、电子阅读器、小型掌上电脑等终端进行学习,因此适合移动学习模式的教学任务设计应充分结合体验式学习、讨论式学习、协作学习、自主学习、个性化学习、在线学习、离线学习等多种方式,便于学习者随时随地完成学习任务,取得最佳学习效果。

(2)知识内容的碎片化原则。移动学习具有时间零碎间隔,学习环境多样,学生注意力不持久等限制,在每一个学习内容设计上要做到短小、细微,各个知识点相对独立,学习者可以在碎片化时间内完成单个独立的知识点学习。

(3)知识体系的完整性原则。尽管单个任务设计遵循碎片化原则,但作为知识整体,在学习内容的各个知识点之间,应做到连续和完整,针对学生认知特点,由浅入深,循序渐进,使相对独立的学习任务设计前后连续,从整体上确保知识体系的连贯性和学习的灵活性。

(4)用户交互的友好性原则。移动学习任务和资源的呈现要充分结合文字、图形、图像、音频、视频和动画等不同形式,增加内容的趣味性。基于移动学习的教学任务和资源平台设计应结合体验学习理念,以游戏和情景创设等方式设计学习者参与的活动,激发兴趣,在互动交流的情景中学习。

二、移动学习在英语教学中应用的方式

针对移动学习在英语教学中的应用,在上述原则的支配下,研究者提出了许多基于移动学习终端的应用模式和学习方式,其中应用最广泛,影

响最大的移动学习模式主要有基于短消息交互的模式、基于连接浏览的模式、基于视频通话交互的学习模式等。总的来说，无论采用哪种具体模式，从内涵来说，英语教学中移动学习的应用体现在以替代、拓展、优化和创新等方式扩宽了传统英语教学的外延，深化了英语教学的内涵，具体可归纳为以下四种类型：

（1）替代型方式。移动技术作为一种工具，替代传统教学方式，如利用手机的笔记软件功能，进行听写练习。移动技术作为工具替代传统的教学方式，教学媒介从有形的纸笔转变为手机的笔记软件以及基于网络的短信发送平台，但是听写练习这一原有教学方式和基本教学功能并没有改变。

（2）拓展型方式。移动技术通过拓展传统英语教学方式，拓宽学习的外延，例如：学生在课堂内外用手机笔记软件，进行短文字写作练习，创作短故事接龙，再上传到网上教学平台或移动教学资源平台，大家浏览点评。移动技术为写作教学扩展了基于手机的教学新路径，为学生在课堂内外的互动交流中建构真实的语言学习环境，激发学习兴趣。上传作品大家点评，增加学生在体验中再次学习的机会，调动积极性，提高并巩固教学效果。

（3）优化型方式。基于移动技术，还可以优化语言教学模式，设计新型教学任务，如短信阅读活动。在课外的阅读教学中，教师根据需要将长文本编辑成多个短文本，或选择简短的英语系列故事，通过短信群发平台，每天定时定量向学生发送，学生在课下进行阅读；或在课堂上发送故事，学生读后根据内容进行口语讨论或续写故事等课堂活动。优化型教学任务还包括使用移动设备进行录音练习。在课堂上将学生分成两人小组，使用手机录音或录像功能进行口语练习。学生用手机录音或录像后对各自的口语作品进行自评和互评，根据同伴意见重录，再上传到网上平台。教师点评推荐好的作品，大家分享学习。这种真实的互动交际式口语活动通过移动设备，以网络和手机为媒介得以实现。

（4）创新型方式。创新型方式是指基于移动技术，设计只在移动环境下才能完成的教学任务,革新传统教学方式,深化英语教学内涵,在移动环境下重新界定学习的概念。

三、移动学习在英语教学中应用的平台

(一)资源平台的搭建

在移动教学中,资源平台搭建是一个重要的环节,通常采用共享和开发两种方式来实现,即搜索共享国内外现有的移动学习应用资源,或开发基于移动设备的个性化学习平台。

(1)共享已有国内外教学资源。目前,国内外各种移动学习应用资源十分丰富,有移动学习国际联合会、剑桥出版社手机应用软件、大型开放式网络课程(MOOCS),如 SEE、MIT 开放课件等。国内开发的教学资源有国家精品课程、共享课程、新浪与网易公开课,以及一些英语教育机构,如新东方网校推出的手机课堂栏目等。教师可按教学需要,从众多资源中选择。

(2)基于现有应有软件设计网站,开发移动教学资源。教师还可以根据需要,自主开发基于移动设备的教学资源。目前,一些网站为没有计算机编程知识的用户提供指导,使用者按教学要求将课程任务设计成应用程序软件或生成游戏、测试、问卷等相关教学活动。如:Gamesalad 网站,可以开发设计适合 iPhone 和 Andriod 系统的手机游戏。在 Magmito 网站插入文本、照片、创设表格,就能设计适合 iPhone 和 Andriod 用户使用的多媒体测试和问卷。Ko-Su 网站为教师提供模板,结合文本、图像和音频,开发应用于手机的教学小软件、Quizlet 网站,可以开发手机使用的单词生词卡学习平台。还有一些简便易用的应用软件和资源开发平台,教师可以在平台上按照指示,开发相应的课程项目,供学生下载和课外学习。App Makr 是一个基于浏览器的开发平台,用户使用现有内容、照片,开发 iPhone 应用程序。

(3)自主设计开发个性化移动学习平台。参照国外大型开放式网络课程(MOOCS:Massive Open Online Courses)平台上的课程设计和系统

功能分区,以及学校目前现有网络学习平台所具有的功能,结合网络教学和课堂教学的经验,以教学理论为指导,以网络软硬件平台为依托,设计出一个典型的英语教学移动学习平台。该平台架构由平台资源创建模块、学生自主学习模块、教学管理模块、后台系统管理模块四个模块组成,各模块的内容和功能可按实际需求增减,为教师创建各种英语学习资源、设计课堂英语教学活动提供便利,学习者可通过移动学习终端随时随地获取学习资源。在这种自主设计的平台中,具有学生、教师和后台管理人员三种角色。学生处于平台学习和使用的中心,通过移动学习平台自主学习课程,进行练习测试,并与其他同学协同合作完成学习任务。教师不再是纯粹的知识传授者,而是转变为学生学习的组织者、指导者、促进者和评价者,主要负责教学资源的创建和课程内容设计,以及教学过程中的管理,指导、监督和测评学生学习情况并及时反馈。后台管理员负责平台维护,学生和教师信息管理、注册等维护工作。

(二)资源平台的评价

(1)内容完整性。移动学习所使用的教学资源范围和深度应与教学大纲一致,重点突出。教学资源内容充实,可信度高,具有时效性和前沿性。整个组织结构和分类体系合理,表述正确。资源编排系统合理,符合学生认知规律和教学原则。教学任务设计条理清楚,充分反映教学内容。

(2)过程趣味性。移动学习的操作和使用界面设计应具备良好的交互性,以游戏或情景创设等方式设计参与性活动,增加学生兴趣。资源的呈现形式生动、丰富、多样,尽量多的包含文本、图形/图像、音频视频、动画、试卷/题库、网络课程/案例、文献资料、常见问题解答、资源目录索引等各种素材。教学中使用的媒体资源应制作精细,色彩和谐,声音流畅,画面清晰,重点突出,符合视觉心理,吸引力强,进而有效支持教学任务要求。

(3)效果可衡量性。资源平台设计和使用中应充分考虑移动学习的特性,挖掘移动学习优势,将定性评价和定量分析结合,评价手段和评价方法应科学合理。形成性和终结性评价指标应具有可行性,有助于调动学生积极性和主动性,提高学习效率。教学活动设计和安排目的性明确,符合教学原则,有助于提高学生分析、解决问题的能力。

　　(4)技术适用性。各种资源设计应具有安全性高、系统运行稳定、功能完善、导航系统清晰、资源检索与调用快速方便等基本特点。客户端应具有良好的操作性和交互性,趣味性强,便于使用者自学。同时,对于自主开发的资源平台和软件,应根据实际需要充分体现个性化特点,确保用户与平台之间信息交流便捷通畅,并能与其他用户、教师或后台进行实时在线交流。

第三节　微时代背景下英语移动教学研究

　　移动学习(Mobile Learning)是指利用无线移动通信网络技术及设备,使学习者能够在任何时间、任何地点、以任何方式发生的学习。近些年来,随着它的迅速发展与高科技时代对高等人才培养要求的提高,如何将基于无线移动设备的移动学习与大学英语教学有效地结合起来,创建一种以新技术手段为基础的移动教学模式,已经成为各高校的关注热点,也是众学者们潜心研究的热门课题。

　　针对欧洲部分青年人基本读写能力的缺乏及接受教育机会的缺失,2001 年英国、意大利和瑞典三个国家的五个组织共同提出了使用移动技术为他们提供教育服务的设想,由此产生了耗时三年的 M-Learning 的移动学习项目,首次将"移动学习"这一概念带入了人们的视野,引发了学者们对其进行研究的热潮,并将这一概念与教学结合起来,形成了移动教学。而一直在远程研究领域处于领先地位的斯坦福大学也相继研发出了几种较为简单的 M-Learning 原型,试图用移动电话来进行大学语言教学。

　　我国对移动学习的研究主要集中在学习模式与移动终端设备这两方面,曾总结出我国实施的移动学习模式主要有 SMS(Single Message System)模式、MMS(Multiple Message System)模式、基于浏览、链接的模式和存储携带模式这四种。在"移动学习终端的选择与评价"中提出移动学习终端的七条评价标准,为研究者选择移动学习设备提供了参考依据。

但是,人们发现将移动学习与各学科,尤其是大学英语进行整合来研究移动教学的文章并不多。

随着 2006 年世界上第一家微博网站 Twitter 的成立与 2011 年初腾讯公司微信平台的推出,人们迎来了真正意义上的微时代。目前,微博、微信等微时代产物不仅在政治、资讯等方面发挥了巨大的作用。在教学方面,也逐渐被各高校教师应用,成为一种有效的教学新模式。

一、微时代下的大学英语移动教学

(一)微时代移动教学的概念

移动教学(Mobile Teaching)也叫移动学习(Mobile Learning),是近些年逐渐发展起来的一门新兴学习与教育理论,指的是教师和学生通过使用依托于无线移动网络存在的移动设备而实现的一种交互式教学活动。具体而言,就是将多媒体技术与互联网络应用于各种高端的无线移动设备(例如手机、iPad 等)中,从而构建一个新模式的教学平台,使教师与学生之间能够随时进行学习培训与交流的一种新型远程教学活动。在该教学活动中,教师可随时发布一些学习资料,让学生们随时随地获得学习资源,从而达到有效学习与自主管理的目的。

微时代的移动教学是指借用微博、微信等微时代产物实现的移动教学方式。自 2009 年下半年以来,随着新浪、搜狐、网易与腾讯等门户网站的开启与微博、微信、微电影等平台的兴起,已经进入微时代。虽然微时代产物的主要用途是传播信息,但是人们利用其来获取知识这一现象也是显而易见的。这表明微时代产物蕴藏着巨大的学习潜能,因而利用其来进行移动教学成为可能。另外,随着网络微博、手机微信的推广,人们使用网络微博、手机微信的普及程度的提高,越来越多的学习者们将乐于使用其来进行学习。微博、微信等移动学习方式也越来越受到大多数人的认可。

(二)微时代大学英语移动教学的区别性特征

作为一种新的教学模式,大学英语移动教学正逐渐被各高校的学生接受并认可,在教学质量的提高中发挥着不容忽视的作用。那么,相较于其他教学模式而言,微时代的大学英语移动教学的区别性特征有以下三点:

(1)学习时间与地点的随意性。微时代的大学英语移动教学的一个最基本的特征就在于学习时间与地点的随意性。具体表现为学习者可以在排队、候车等片段化的时间里在学校食堂、火车站等地打开手机或 iPad 等小型无线通信设备中的微博或微信,进行短时间的英语学习,让其沉醉在英语的世界中。例如:目前有不少学生常利用课余的零散时间记忆微博或微信平台上的英语单词,他们认为这种学习方式不仅形式自由新颖,而且能够让其摆脱课堂上被迫记忆大量单词的恐惧感,有利于其学习效率的提高。

(2)选择学习内容的自主性。与传统的教学模式不同,学习者可借由微时代产物自主选择学习内容。在大学英语课堂中,由于受教材内容的限制,每名学生都得在同样的时间内按照教师的教学步骤学习同样的知识,这限制了学生对不同知识的追求欲望。而微时代的移动教学为大学英语学习者提供了丰富的学习资源,使其能够自主地选择自己感兴趣的知识内容进行学习,这点极大地激发了学生们的学习兴趣。

(3)互动交流的及时性。无线网络的兴起跳出了地理位置的局限,使人们能随时随地与他人进行交流。将其应用于教学活动中,则可加强教师与学生之间的互动性,使他们在课外能轻易进行及时性地学习交流。同时利用微博、微信等微时代产物开展英语教学的工作也能增强师生之间、同学相互之间的感情交流,让学生们能在轻松自在的环境中自主学习。

二、微时代移动教学在大学英语教学中的应用

(一)构建资源平台的原则

运用微博、微信等微时代产物进行大学生英语移动教学并不是无条件的,而需遵守一定的构建原则。[①] 第一,资源平台的构建者必须清楚地

---

① 张春艳.终身学习时代背景下的英语移动学习[M].长春:东北师范大学出版社,2018.

了解移动教学的区别性特征,设计教学任务时需充分结合体验式学习、讨论式学习、协作学习、自主学习、个性化学习、在线学习、离线学习等多种方式,以便于学习者能够随时随地完成各项学习任务,取得最佳学习效果。第二,由于学习者是在相对移动的过程中进行学习,外部环境对他们注意力的集中会存在着一定的影响,因而教师要尽量结合图像、音频、视频等形式设计些短小却相对独立的学习内容,并保证每次上传更新的学习资料容量均不过于庞大。

(二)教学活动阶段的开展

对学生进行简单的微信应用技术培训,要求其加入微信群,形成微信群平台。然后,教师在此平台上随时发布口语任务、英文视频,与学生们进行师生答疑,相互交流最近见闻与趣味话题等,拉近了师生间的距离。在活动开展过程中,也邀请了其他的任课教师加入了此平台,使教师在了解这种新教学模式的同时给出了不少好的建议。

具体活动的开展主要包括微信口语任务与学习资源的发布和微信群组互动小组式学习。教师在课堂上布置作业时基本接近课堂尾声,学生抄写时间仓促,且容易忘记。如果教师能在微信平台上发布作业,能很好地解决上述问题。

而且教师可以利用微信发布英文短视频,要求学生随时随地跟读模仿。学生可以将自己的跟读模仿视频发送到微信群组中,由其他同学评价并投票,教师也可挑选出优秀作品在上课时播放。这种学习形式新颖有趣,能极大地调动同学练习口语的积极性。在公众平台上,教师也可发布众多的学习资源,让学生可以通过手机终端登录该平台后,共享里面的学习内容,为学生合理利用零碎的时间提供了可能。微信移动教学的另一个特点是进行群组互动小组式学习。教师可以随时在群组里与学生进行学习交流,在督促其进行英语学习的同时也可以为他们解决学习上的疑惑。这种方法有效地加强了师生间的联系,促进了师生间关系的融洽。学生可以在微信平台上建立自己的讨论小组,针对每次教师上课的内容或课后的作业进行互动小组式讨论,避免了因时间不统一而没办法聚在一起面对面讨论问题的难题。而且这种方式有利于记录讨论内容,方便学生自己多次回顾知识内容。

(三)教学成果总结阶段

微信移动教学实验取得了一定的教学成果,概括总结出来可分为三点。首先,实验对象的学习积极性得到了明显的提升。利用微时代产物等工具平台开展教学活动,构建一种新的移动教学模式,让学生们从传统的"教师讲—学生听"的课堂走了出来,大大地提升了他们学习英语的兴趣,并在实验对象中得到了普遍的认可和高度的赞扬。其次,师生间的关系变得更加融洽。根据实验对象的反馈意见,他们现在不再只是在课堂上和教师进行交流,在课外他们也能随时随地与教师聊天,询问学习方法,探讨学习技巧了,并且他们觉得课外的交流更让他们轻松自在。最后,实验对象使用英语交流的机会增多,课外练习英语口语的途径也得到了拓展。大多数学生都能在课余碎片化的时间里利用自己的移动设备(手机或 iPad)登录平台,获取大量的学习资源和进行口语测验。

三、对微时代英语移动教学的建议

在大学英语教师和学生们之中普及大学英语移动教学模式,创建"微平台"学习系统并不容易。要不断完善这类新的教学形式,首先需要构建者精心设计英语学习体系和学习资料。一个完善的英语移动学习系统应该包括以下八个部分:听力部分、口语部分、词汇部分、阅读部分、语法部分、测试部分、答疑部分和工具部分。教师应该根据自己的上课内容设计些短小精悍却独立成体系的学习内容,让学生们能根据自身需要和水平进行学习。而且,对于学校方面,各大高校应该扩大无线网络的覆盖率,加快无线校园网的使用速度,让学生们在校园中不受网络的约束,能随时随地打开自己手中移动设备中的"微平台",进入学习系统中。

由于移动设备的普及和微时代的到来,微博、微信等微时代产物已经逐渐被运用到教学中,形成了一种新的教学模式。相较于传统的课堂教学,微时代的大学英语移动教学模式在促进英语学习者的学习兴趣、提升其英语学习的有效性、增强师生联系及促进师生间关系融洽等方面发挥了巨大的积极作用。这对大学英语教学质量的提高大有裨益,对于大学英语教师而言,既是一种机遇,又是一种挑战,需要教师付出更多的经历和时间去组织教学活动。

第七章 多元化理念下的
大学英语教学评价改革

教学评价是整体教育评价的有机组成部分,是对教师的教学工作、学生的学习情况做出价值判断和衡量的过程,是教学过程中一个必不可少的环节。正如朗格所说,评价是英语教学组织的发动机。虽然评价的设计要以教学为基础,但是教学往往会受到评价的制约,即教学往往需要以评价为导向。因此,大学英语也需要以评价为基点来设计教学内容,只有这样才能优化教学过程和教学成果。为此,本章就对大学英语教学评价改革新思维展开分析和探讨。

第一节 教学评价综述

英语教学评价从范畴上来看属于教学评价体系中的一个分支部分。因此,在对传统大学英语教学评价进行反思之前,十分有必要对教学评价有一个整体上的了解与把握。通常而言,教学评价涉及教学评价的定义、内容、标准、特征、意义等层面,本节就这些内容展开探讨。

一、教学评价的定义与内容

(一)教学评价的定义

"评价"这一术语是由美国著名学者、教育家泰勒(Taylor)提出的。对于其定义,不同的学者有不同的观点。在很多学者看来,评价不仅仅是一种认知活动,更是认知活动中的一种特殊情况,因为它能够将整个世界的价值揭示出来,并且对这一价值进行创新和建构。将评价应用到教学中就成了教学评价,对于教学评价,国内外学者提出四种观点。

第一,教学评价等同于教学测验。

第二,教学评价等同于专业判断。

第三,教学评价是一种将实际表现与理想目标进行比较的历程。

第四,教学评价是一种有系统性地去搜寻资料,以便帮助使用者恰当地选择可行的途径的历程。

对于上述四种观点,虽然对教学评价研究产生了一定的意义,但是其中有些观点存在一定的片面性。

(1)对于教学评价与教学测验等同的观点,其主要源于在当前的教学评价过程中往往需要借助教学测验这一认识。但是教学评价与教学测验事实上是存在本质上区别的。因此将二者等同是存在片面性的,主要有以下两个层面的原因。

第一,教学测验倾向于描写教学现状,从而获取客观事实,而教学评价倾向于对教学情况的判断和解释。

第二,教学测验倾向于数量的统计。因而注重具体教学事实的数量化,而那些不能做数量化处理的教学事实往往被排除在教学评价之外。然而,教学评价不仅包含数量分析,还包含确定事物性质,即实现主观评价与客观实际的结合。

(2)对于教学评价与专业判断等同的观点,其主要源于教学评价中确实包含评价人员的主观因素这一认识,认为教学评价的目的是分清优劣、明辨是非。但是这一观点也存在片面性,因为教学评价不仅仅是分清优劣、明辨是非,更重要的是从众多的评价因素中找到适合的、具有指导性的评价因素并做出选择。因此,教学评价与专业判断并不等同。

(3)对于教学评价是一种将实际表现与理想目标进行比较的历程的说法,较前面两个观点相比来说具有一定的理性成分。持有这一观点的学者认为,教学评价的基本方法和内容就是对现实与构想进行比较。事实上,这一观点只侧重于对教学效果(即已经完成的教学行为)的评价,而未包含对形成教学效果的过程的评价。另外,在评价的操作性上来说,这一说法使得教学评价的概念过于宽泛,导致评价者很难把握评价内容的主次。因此,这一说法也具有片面性。

(4)对于教学评价是一种有系统性地去搜寻资料以便帮助使用者恰当地选择可行的途径的历程的说法,其仍旧存在利弊。这一说法的优点在于强调了教学评价在做出决策层面的意义,但是却容易让人产生教学评价与教学研究等同的认识。事实上,教学评价与教学研究也存在着明显区别。

首先,二者研讨的目的不同,教学研究是为了获得某种结论,目的在于揭示教学的本质和客观性;教学评价是为了获得某种指导和决策的依据,目的在于指导人们下一步的行动和认识。

其次,二者所侧重的价值不同,教学研究是为了获得真知,而教学评价是为了获取某种教学现象的价值。

显然,上述四种观点都存在一些合理的成分,也存在一些明显的不可取性。笔者综合上述观点的合理成分,认为教学评价是以教学作为对象,从教学目的、教学规律、教学原则出发,利用可行的评价手段和技术将教学现象和教学目标的关系揭示出来并赋予价值上的判断,从而提供反馈信息指导下一步教学的过程。

(二)教学评价的内容

大致而言,教学评价的内容分为五大类:教师评价、学生评价、课程评价、教学过程评价、教学管理评价。

1. 教师评价

教师素质的高低对教学效果、学生的健康成长等有着直接的影响。在教学过程中,教师占据着主导的地位。因此,对教师素质的评价就成了教学评价的基本内容之一。具体而言,对教师素质的评价主要包含以下几点。

首先,对教师政治素质的评价:

(1)工作态度。

(2)遵纪守法。

(3)为人师表。

（4）教书育人。

（5）政治理论水平。

（6）参与民主管理。

（7）良好的文明行为。

（8）坚持四项基本原则。

其次，对教师工作素质的评价：

（1）教学质量。

（2）教学成果。

（3）教学研究。

（4）教学经验。

再次，对教师可持续发展素质的评价：

（1）教师发展的潜能。

（2）自觉求发展的能力。

（3）接受新方法与新理论的能力。

（4）本身的自学能力。

最后，对教师能力素质的评价：

（1）独立进行教学活动的能力。

（2）独立完成教学工作量的能力。

2. 学生评价

教学评价应该从教学目标出发，对学生的学习程度、学习现状进行考察。[1] 对学生的评价不单单是学业评价，还有学力评价与品德、人格的评价，即由传统的单一化学生评价转化成学生的综合性素质评价。

（1）学业评价

一般来说，学业评价的基础是测量，因为测量能够反映学生的学习过程和学习效果，从而对学生进行价值判断。学业评价是指从课程标准所规定的学习目标、学习内容出发，对学生的学习过程、学习成果进行评价。

---

① 孙旭春.网络环境下大学英语听说教学研究 理论、模式与评价[M].昆明：云南大学出版社，2015.

为了确保评价状况和评价结果的准确性,学业评价可以采用多重手段,如诊断性评价、形成性评价、安置性评价等,其适用的测量工具也有很多,如自我报告清单、成就性测验等。就当前的学业评价来说,其存在着许多矛盾和困惑,主要体现在评价理念和评价方法上。为了更好地提升学业评价的质量,应对学业评价的四种模式有一个清晰的了解。

模式一:主体模式。

该模式将学业评价看成是评价者与被评价者之间意义构建的过程,强调学生的主体价值,即学业评价的目的在于为学生的自主发展服务,因此通常会选用自参照评价。

模式二:过程模式。

该模式将学业评价看成是评价学生的全部学习过程,强调教学过程的价值,即学业评价的目的在于为学生的社会化发展服务,因此通常会选用过程性评价。

模式三:目标模式。

该模式将学业评价看成是学生学习结果与预期目标相比较的过程,强调课程目标的价值,即学业评价的目的在于为课程决策服务,因此通常会选用终结性评价。

模式四:诊断模式。

该模式将学业评价看成是诊断与改进教学和学习的过程,强调教学诊断的价值,即学业评价的目的在于为改进教学服务,因此通常选用诊断性评价。

(2)学力评价

学力评价是指评价学生在学业上达到的程度,如通过学习学生所达到的知识水平、所获取的技能水平、所具备的学习潜力。学力评价的目的包含以下三点。

其一,为实现教师的既定教育目标提供资料。

其二,了解学生的学习能力及个体差异。

其三,为培养学生的综合能力服务。

由上可知,开展学力评价不仅对于教师的教、学生的学有重要作用,而且有助于学生进行元认知监控。一般来说,学力评价的手段有很多,如实验法、观察法、评定法等,最常用的手段就是智力测验与标准学力测验。

(3)品德与人格评价

除了以上评价内容,学生的品德与人格也是学生评价的重要内容。在教学中,教师的责任不仅是传授知识,更重要的是还需要对学生的品德与人格进行教育。因此,对品德与人格的评价也就成了学生评价的一部分。这一评价主要侧重于教学内容的思想性和科学性对学生的品德与人格产生的影响和变化的测定。

3.课程评价

课程评价主要评价的是课程的价值与功能,但为了提升课程评价的质量,需要对以下三种评价模式有所了解。

(1)决策导向评价模式

又可以称为"CIPP 模式",是由著名学者斯塔弗尔比姆提出的。该模式以决策作为中心,是将背景输入—过程—结果相结合的一种评价模式。在斯塔弗尔比姆看来,泰勒的行为目标模式也应该将目标本身作为评价对象。

(2)行为目标评价模式

该模式将确定目标作为中心来组织教学活动和评价。预定目标对教学活动起决定作用,而教学评价就是对实际教学活动所达到的目标进行判定,进而通过信息反馈来改进教学,使其更接近于预定目标。

(3)目标游离评价模式

为了尽量减少低评价中主观的影响,不能在方案制订和设计中将活动目的告诉评价者,使评价不受预定活动目标的影响。

科学、有效、合理的课程设置有助于提高教与学的质量,因此对课程进行评价也必然是教学评价的重要部分。

4.教学过程评价

在当前的教育中,大多数教学评价都侧重于教学结果、学生的学习成绩,却忽视对学生在整个学习过程中整体的评价。为此,学者们从形成性评价中延伸出了一种新的评价——对教学过程的评价。一般来说,教学过程评价可以从以下两个层面进行分析。

(1)对教学过程的系统性评价

所谓对教学过程的系统性评价,是以某一课时、某一章节的教学目标和内容为单位,对课前学、课堂教学、课后练习等一个完整的教学过程的系统性分析和整体性评价。也就是说,这一评价虽然将教学环节、教学活动等囊括在内,但是更强调教学过程的系统性与整体性。

(2)对教学过程各个环节的评价

所谓对教学过程各个环节的评价,是对教学过程中的课前学习、课堂教学、课后练习、课外学习等各个环节进行观测和评价,目的在于引导教师对各个环节的教学活动都有一个精心的设计和把握,使各个环节的教学活动都更有意义。

5.教学管理评价

教学管理评价对于教学工作来说也有着重要意义,为教学管理工作指明了方向。通过教学管理评价,评价者可以发现教学管理中的问题,并及时对之前的教学管理工作进行改进和加强。在进行教学管理评价时需要明确两个层面的内容。

(1)评价的内容

教学管理评价包含对教学课堂的管理评价、对学校及下属单位教务管理的评价。

(2)评价的指标

教学管理评价的指标应该是科学的、合理的。一般来说,评价指标包含教学计划、教学规章、教学检查、教学实施、教务工作等。

二、教学评价的意义与标准

(一)教学评价的意义

教学评价对于教师和学生来说都有着重大意义,因为教学评价是信息反馈的重要手段,可以帮助教师和学生有效监控教学情况和学习过程。下面就从教师和学生两个层面分析教学评价的意义。

1.对教师的意义

对教师来说,教学评价的意义主要体现在以下四点。

(1)拉近师生距离,优化教学环境

教学评价能够拉近师生之间的距离,消除师生之间的隔阂,优化教学环境。这是因为在教学评价中教师会让学生发表意见,这样师生之间就可以进行交流,了解彼此,从而改善紧张的传统师生关系,增进师生之间的情感。另外,师生之间的关系改进能够进一步促使他们相互鼓励和支持,营造一个和谐、宽松、活力、民主的教学环境,而这样的教学环境也必然会消除学生的紧张,激发学生的积极性。

(2)为教师科学研究提供材料

教师的工作不只是认真完成教学就可以了,还需要教师认真地做学问,也就是搞科研。如果教师只进行教学而不进行研究,那么他们的教学工作就缺乏根基,教学水平也很难向前发展。而教学评价就是教师进行教学研究、提升自我的突破口,通过连续不断的教学评价,教师对自己的教学情况与学生的学习情况有一个清晰的了解,并不断积累大量与教学相关的积极因素,从而为教学研究提供丰富的理论依据,指导新一轮的教学工作。

(3)及时获取反馈信息,适时调整教学计划

对于具体的教学过程来说,及时获取反馈信息对于教师来说至关重要。例如,当教师讲解完某一篇章或者语法点时,学生的眼神或者表情就是对教师的反馈。如果大部分学生表情淡定,说明对教师讲解的知识已经有了基本掌握;如果大部分学生表情凝重,说明对教师讲解的知识还不甚了解。再如,学生在练习中的正确与错误程度也为教师提供了反馈,如果学生的正确率高,说明他们已经基本上掌握了教师课上所讲解的内容,因此需要进入下一单元或知识点的讲授;如果学生的错误率较高,说明他们对教师课上的内容没有很好的把握,需要重新讲解。可见,及时、全面

地反馈对于教师来说非常重要。根据反馈信息教师可以调整教学技术、有针对性地安排教学活动,提高教学的有效性。

(4)充实教学经验,增强教学技艺

教师的教学意识、教师行为对教学的质量有直接的影响。教学行为越有效,教学效果也就会越好。但是要想增加有效的教学行为,使无效的教学行为不断减少,首先就需要教师有较高的教学手段和丰富的教学经验,而教学评价是帮助教师提升自己的教学手段、丰富教学经验的有效途径。例如,通过学生的评价和教师自评,教师可以发现自己的缺点和不足,明确教学的重要性和非重要性,从各个层面吸取教学经验,改进教学质量。

2.对学生的意义

对学生而言,教学评价有助于学生发现自己的不足、了解自己的学习过程.从而改善自己的学习情况,促进自己的进步。教学评价对学生的意义可以从以下三点进行理解。

(1)了解学习过程,积极主动学习

实践证明,学习过程要比学习结果重要得多。无论做任何事情,如果没有过程,就不会有结果,即过程往往对结果起决定性作用,英语学习也是如此。学习过程的结果有助于学习结果的取得,而有效的教学评价可以将学生的注意力转向学习过程中,引导学生对自己的学习过程有一个基本的了解。一旦学生了解了自己的学习过程,就会积极地参与到自己的学习中,并能够监控自己的学习过程。

(2)发现自己的不足,及时进行改进

通过教学评价,学生可以发现自己的不足,进而对自己的学习情况进行分析,调整学习计划和学习策略,克服自己不良的学习习惯,提高学习效率,使自己成为真正的学习者。

(3)了解自己的进步,获得成就感

教学评价使学习过程变成了可视的事物,通过对学习过程的审视,学生可以清晰地看清自己的进步及学习轨迹,这样学生就能够获得一种成就感、满足感和自豪感,进而学生的学习信心也逐步增强,学习的动力和积极性也不断提高。

(二)教学评价的标准

既然进行教学评价,必然要关注评价的质量,即能否真正改进教师的教学状况,能否反映学生的进步情况,评价结果能否为教学管理者提供有效、可靠的信息等。为了确保教学评价的质量,需要遵循教学评价的两大标准:信度和效度。

1. 信度

在教学评价中,信度就是一致性,其主要包含三种形式:稳定性信度、复本信度、内部一致性信度,这三种信度是不能相互替换的。

(1)稳定性信度

所谓稳定性信度,是指测验结果跨时间的一致性程度,即使测验进行的时间、场合不同,其结果应该大体上是一致的。为了考察在不同时间评价结果的稳定性程度,往往需要间隔一周到两周的时间,然后再进行重复的测验。因此,稳定性信度又可以被称为"重测信度"。

一般来说,计算稳定性信度的方法有两种。

其一,计算前次测验与第二次测验之间的相关系数。

其二,求两次测验间分数所处类别没有变动的人数比重。

这种确定信度的方法被称为"类别一致法",可以用于确定哪些学生可以不用再学习某些知识点的情况。

(2)复本信度

所谓复本信度,是指等值的测验复本间的一致性,该信度主要解决两个等值复本或多个等值复本间是不是真正等值的。但是对同一测验进行重复使用是不公平、不合理的。因为后一批接受测验的学生有更多的练习机会,他们的测验结果也会明显高于先前接受测验的同学。基于这一问题,教育者往往会选用复本。一般来说,对复本信度进行确定的步骤与上面的计算稳定性信度的方法有些相似之处。给同一组被测试者两个测试复本,但两次测验间最好间隔较短,或者没有时间间隔。得到被测试者两次测验的分数,计算两个复本间的相关系数。

（3）内部一致性信度

内部一致性信度与稳定性信度、复本信度不同，其关注点并不在于被测试者在测验分数上的一致，而是着重于测验题目之间在功能上的一致，即测验题目的同质性。在测试次数上稳定性信度和复本信度需要测试两次，而内部一致性信度只需要测试一次即可。

在教学评价中，信度是核心概念之一。如果一个测验的信度较低，那么根据测验的分数是得不到准确答案的。因此，务必要记得评价所连带的利害关系越大，就越需要对信度予以更高的关注。

2.效度

除了信度之外，另一个重要的评价标准就是效度。所谓效度，即准确性，是指在评价结果的基础上做出的推论的准确性。一般来说，评价的效度是由三种效度证据来决定的：内容关联效度、效标关联效度、结构效度。

（1）内容关联效度

所谓内容关联效度，是指测验内容对所要推论的评价范围的代表程度。其中评价范围主要包含知识、态度、技能等。因此，在确定测验内容的代表性、抽取样本进行检测时，评价范围中的所有内容都具有应用性，一般来说，对内容关联效度进行证据收集的办法有两种：一是通过外部评估，二是通过测验编制，从而确定内容关联效度。

（2）效标关联效度

所谓效标关联效度，是指评价成绩对学生在外部效标成绩上的预测程度。效标关联效度能够指导测试者决定他们可以从多大程度上相信以成绩作为基点对学生的推论情况。但是在证据收集上，效标关联效度与内容关联效度还是存在明显区别的。

效标关联效度只单单应用于需要根据评价结果来预测学生在之后的效标变量中的表现的时候，因此是具有明确的使用范围的。效标关联效度的最普遍的应用形式是对学生在能力倾向测验的情况进行计算，进而与后来的学业成绩进行对比。

（3）结构效度

所谓结构效度，是指经验性证据对某种结构的存在性进行确定的程度以及运用评价工具对这一结构进行测量的程度。结构效度的证据收集往往是非常直接的,主要包含如下两个步骤。

步骤一:根据已经理解的被测试结构的运行机制,对被测试者在这一测验上的表现程度进行一个或者两个假设。

步骤二:对经验性证据进行收集,并检验上述假设能否证实。

在方法上,搜集结构效度的证据往往会采用干预法、不同群组法、相关测验法。

其一,干预法,是在接受某种干预后,被测试者在评价中的表现会呈现不同的变化。

其二,不同群组法,是由于不同的人群其结构概念的表现不同。因此其测验的结果也应该不同。

其三,相关测验法,是指由于两个测验测的是同一结构,因此其测验的结果应该存在着某些相关性。

总之,从测验的发展历史上人们习惯将信度与效度作为测验的标准,其实它们也是评价的标准。从微观层面上来说,信度和效度是保证评价质量和方法的需要;从宏观层面上来说,信度和效度是评价学科发展的历史必然。

三、教学评价的原则与特征

(一)教学评价的原则

原则是规律的反映,教学评价原则反映的是教学改革背景下英语教学评价的规律。[①] 根据评价原则来制订评价手段和方法,才能与教学评价规律相符合,才能与教学规律相符合。可见,英语教学评价原则有着重要的现实意义。

1.方向性原则

教学评价应遵循方向性原则,即在教学评价中应保证价值取向正确,

---

① 苏婷婷,董霞,靳慧敏.互联网背景下的大学英语教学创新研究[M].北京:中国书籍出版社,2023.

这是实现教学评价有效性和可靠性的关键层面之一。如果教学评价与正确的价值取向不符甚至发生偏离,那么教学评价的方向也就会严重偏离,也就使教学达不到预期的目的。遵循方向性原则意味着评价设计者和教师要树立正确的价值观、评价观,对教学评价有一个清晰的认识,即教学评价关注的是教学过程中能否取得进步和发展;知识与技能、过程与方法、情感态度与价值观这三维目标是否满足了个人、社会的教育价值需要。

2.针对性原则

教学评价具有明确的针对性,其往往是针对教学中的具体问题进行的。

第一,对于教师和学生而言,如果一堂课进行得非常顺利,师生之间也配合得很默契,那么就需要进行教学评价,以帮助教师和学生总结经验,便于推广。

第二,如果一堂课进行得不顺利,出现了较多的问题,那么也需要进行教学评价,从而帮助教师和学生解决教与学的问题,便于之后克服这些问题。

第三,如果教师改变了教学方法,也需要进行教学评价,以确定该教学方法是否发挥了效果。

第四,如果学生积极性不高,也需要进行评价,以增添学生学习的自信心,活跃课堂气氛,扭转这一教学局面。

第五,如果某节课十分重要,也需要进行教学评价,以确定这一堂课的内容学生是否能够掌握。

总之,教学评估具有极强的针对性,但是它针对的不是积累层面,而是过程层面;不是结论层面,而是诊断层面;不是总体层面,而是具体层面。

3.真实性原则

真实性原则要求对被评价者进行评价时应与其真实的生活情境相结合。当然,真实性的评价离不开真实性的任务。所谓真实性的任务,是指在相关领域遇到的真实活动、真实表现与真实挑战。美国学者戈兰特·威金斯(Grant Wiggins)指出真实性评估具有以下几个特点。

第一,真实性的教学评价强调与真实的现实情境相符,为学生呈现复杂的、不确定的问题情境及需要整合知识、技能才能完成的任务。也就是说,真实性的教学评价不仅要考查学生的知识积累程度,还要考查学生的知识运用程度和能力。

第二,评估与日常教学相结合,成为教与学的重要组成部分。在真实性评价中,评价由教师、学生、管理人员、研究者等参与。学生不单单是被评估者,也会是评估活动的积极参与者。

第三,在进行真实性评价之前首先需要制定用来评价的"量规"或"检核表"。所谓"量规"是指一种界定清晰的、用来对学生的表现或作品进行评分或等级评定的评估工具。

第四,对于学生而言,评价包括两个方面,对学生的学习过程和学习结果的评价。评价的两大功能——诊断与服务功能凸显出来,如为学生的学习提供反馈和指导,而不仅仅是为了选拔与区分。

4. 差异性原则

由于受生活环境、家庭背景的影响,每一位学生都会有着自身的个体特征,即每一位学生都存在着自身的差异。另外,在教学过程中教师对不同的学生也会有不同的指导,这也导致学生的发展存在很大差异。针对这一情况,在进行教学评价时需要遵循差异性原则。

在教学评价中,教师首先对不同学生存在的不同的差异性有一个基本的认可,并根据不同的学生的水平和要求来制订不同的学习要求,在这一基础上建立一种和谐、平等、尊重、理解的师生关系,也有利于构建良好的课堂教学氛围。在良好的教学氛围中,学生才能积极地发表自己的观点和见解,在教师的鼓励下充分地发挥自己的个性。

此外,对于中等以上水平的学生而言,教师给予适当的指导即可,从而更好地促进学生的长远发展;

对于中等水平及以下的学生而言,教师需要不断地对他们进行鼓励,灵活地运用各种教学手段调动学生的主动性与积极性,最终不断地提高学生的学习能力。

5.客观性原则

客观性原则是教学评价的重要原则之一。教学评价的客观性原则是指评价中不能主观臆断，而应该实事求是，不能掺杂个人的感情。在教学各项工作中，教学评价具有很强的科学性。一般来说，评价是否具有客观性往往对教学效果产生直接的影响。如果评价是客观的，那么就有助于促进教学目标的实现；如果评价是不客观的，那么教学就会远离预定的目标。

因此，教学评价中必须坚持客观性原则，即要求教学评价要根据一定的教学目标来确定评价的标准，并结合多重因素考虑该标准是否能够得到人们的认可。评价的标准确定之后任何人不得更改，这就较好地体现了客观性原则。

6.全面性原则

所谓全面性原则，是指在确定评价标准并使用评价标准时要注重全面性。全面性原则是反映教学评价规律的一项重要原则。我国的教育方针、教学评价规律都决定着要注重评价的全面性。那么如何在教学评价中贯彻全面性原则呢？主要可以从以下两点做起。

(1)教师在设计教学评价时应该与教育方针相符合

我国当前的教育方针是使学生能够在德、智、体等层面都得到综合发展，因此教师在设计教学评价时不仅要注重教书，还要注重育人。

(2)教师在设计教学评价时应该遵循教学评价的规律

对各种评价手段的关系应该有一个恰当的处理，使教学评价不仅要保持全面性还要保持客观性。只有这样才能保证教学评价更合理，也才能推动教学不断向前发展。

7.多维性原则

所谓多维性原则，是指教学评价应从多个层面、多个角度、多种方式出发来对教学过程、教学成果进行评价。教学评价的多维性主要体现在如下三个层面。

(1)评价主体的多维性

评价主体的多维性要求评价主体不仅包含教师，还包含学生及教学之外的人员,如管理者或者研究者,从而确保教学主体的多维性及教学评价的客观性。

(2)评价内容的多维性

评价内容的多维性是指评价的内容需要涉及教学要素、教师水平、教学过程、教学结果、学生参与度等多个层面。当然,评价内容的多维性并不意味着每一次评价都包含上述层面,需根据评价的目的来进行选择。

(3)评价方式的多维性

评价方式的多维性要求改变单一的评价方式,而采用多种评价手段,如学生自评、同学互评、观察法、成长记录袋法、专门调查法等。

此外,评价方式既要重视客观、量化的评价方法,也要重视量化和质性评价相结合的方法,以质性评价统整量化评价,这是因为量化评价可以将教学过程简化,而质性评价则会将教学过程得以丰富,侧重教学过程的完整性与真实性。

8. 激励性原则

激励性原则是指教学评价中应该发挥被评价者的积极性和主动性,从而提升教学质量。教学评价中遵循激励性原则是必然的,那么该如何遵守这一原则呢? 具体来说,可以从以下三点着手。

第一,使评价者与被评价者提高对教学评价的认识,使他们主动参与评价中。

第二,教学评价必须客观、公正、全面,能够将优劣加以区分,对先进的个人予以表彰,使被评价者能够看到自己的进步,同时也能分析出自己的差距。

第三,制订评价指标时应与被评价者相适应,如果评价指标过高或者过低,都不利于被评价者的学习,也起不到激励的作用。

(二)教学评价的特征

由于教学涉及多个因素,各种变量及相互关系使得教学变得更加复杂,因此为了认识其规律,在了解内涵、内容等的基础上还需要了解其自身的特点。当然,作为一种特殊的教学现象,教学评价也不例外。下面就具体分析教学评价的特征。

1. 特定性

教学评价针对的是具体的教师、学生与教学内容,对一个班级适用的教学评价并不一定适用于其他的班级,对一种课程适用的教学评价并不一定适用于其他课程,这也就体现了教学评价的特定性。因此,在进行教学评价时应该根据课堂内容、学生特点等进行设定。

2. 连续性

教学评价并不是一次性的、间断的,它具有连续性。这是因为为了检测教学内容、方法等是否有效,教师往往进行一次评价之后还会重复进行评价,有时候甚至是三次,形成一个"反馈链"。通过对多次评价的结果进行总结,进而调整教学,必然会提升教师的教学水平与学生的学习效率。此外,教学评价的连续性还体现在一系列连续的步骤上。一般来说,教学评价包含了以下七大步骤。

(1)确定评价对象、评价类型。

(2)明确评价目标、评价内容。

(3)制定评价指标。

(4)实施评价、收集评价资料。

(5)处理评价资料。

(6)做出评价结论。

(7)制定改善对策。

这七大步骤是按照顺序进行的,具有连续性,缺少了其中任何一个教学评价都很难完成。完成这七大步骤后,评价会在更高目标层次上进行循环。

3. 统一性

在教学评价活动中,评价者与被评价者之间是统一的关系。

首先,评价者与被评价者在目标上是统一的。

其次,他们在教学活动过程中也是统一的。也就是说,不能将二者对立与区分开来,二者应该协同工作。

4.选择性

教学评价实际上是一个选择的过程,在评价的过程中要对优劣进行区分,优秀的层面要鼓励,劣势的层面要研究并进行改进,这样的优劣评定就是一种选择。此外,在评价方式上教学评价也具有选择性,要根据具体的情况、具体的学生特点进行选择,避免导致评价失误。

第二节 传统大学英语教学评价反思

传统大学英语教学的评价方式主要是总结性评价,即在一个学习阶段结束之后,对学生的内容掌握情况进行评价,其侧重于学习的结果,评价的内容也都是量化的部分,如英语语言知识、语言技能等。由于这一评价方式的最终评判标准是考试的成绩,因此很难调动学生的积极性,也很难保证学生学习的持久。对这一问题的解决并不能简单地去取消考试,而应该对评价目的、评价标准、评价内容进行全面、系统的思考,构建一个科学、恰当的评价体系。

一、传统大学英语教学评价:总结性评价

在目前的大学英语教学评价中,总结性评价是最原始、最常用的一种评价方法,如学期期中、期末的考试,四级考试、六级考试等。总结性评价有助于对学生的语言知识进行检测,也有助于对教学效果进行反映。

(一)总结性评价的内涵

所谓总结性评价,是指当教学过程结束之后,对学生学习成果加以检测的一种评价方法。一般来说,总结性评价主要评价的是学生整个学期的学习,因此又被认为是"结果性评价"。

1.就目标层面而言

总结性评价主要评价的是教学内容中某些重要部分,或者是整个教学阶段中的一些较大的教学成果,并且能够获取最终的成绩。

2. 就内容层面而言

总结性评价侧重于学生对英语某一门课程内容的理解和掌握情况。一般情况下,这些内容占有的分量越大,其频率反而相对较低。[①]

3. 就测试内容的概括性层面而言

总结性评价具有较高的概括性,其选择的题目多侧重于技能型与知识型。

一般情况下,总结性评价是在学期之后展开的,是对教学目标达到的程度进行的确定,其主要通过对学生整段时间的学习情况进行打分,来分析其下一学期需要教学的内容。

(二)总结性评价的方法

总结性评价对于大学英语教学而言有着非常重要的作用,很多人将它作为教学过程、学习过程的终结。其实不然,总结性评价是教学过程、学习过程的另一个驿站,是对教学、学习成果的分析与评定,从而更好地为下一阶段的教学与学习做铺垫和参考。因此,总结性评价在大学英语教学中也是不可或缺的。概括来说,总结性评价主要包含如下几种方法。

1. 判断

在总结性评价中,判断题是最为常见的一种方法。正误判断主要评判的是学生对具体信息的识别能力、对某些观点的评定能力、对主旨大意的理解能力、对信息的推理能力。判断题的形式并不是仅仅一种,最基本的就是陈述性的判断,除此之外还有图片式的判断。

2. 论述

所谓论述,是指用于对组织能力、概念化能力、评定能力、整合能力、关联能力、建构能力等进行评测的综合能力,因此又可以称为"概述"。一般来说,论述分为限制性论述与扩展性论述两种类型,前者主要对反应、内容等进行限制,后者主要是从学生的认知考虑的。

3. 匹配

匹配主要是关于学生对细节、主题、观点态度、推论等的识别能力而

---

① 张慧丽.大学英语混合式教学评价体系研究[M].哈尔滨:哈尔滨出版社,2021.

进行的评价。一般来说,匹配的形式可能是文本形式,也可能是图片形式。而后者能够较大层次地评价学生对信息的识别能力,因为其往往考查的是学生对场景、细节等的分析以及对某个事件、文章等深层意义的理解和把握。

4.测试

这是总结性评价的一种典型性方法,虽然并不是唯一方法,但是测试的信度是不言而喻的,测试可以被认为是总结性评价中最为常用的方法。

5.选择

在总结性评价中选择也是应用较为广泛的。一般来说,选择的形式所谓四选一,即给予四个答案,从中选出一个正确答案。当然,选择式的评价内容、项目也具有灵活性和多样性。

6.项目

在总结性评价中,项目也是一种基本的方法。项目式的学习既可以被看作是一种活动,同时其对成果的展示,也可以被认为是一种评价方法。一般来说,项目具有广泛的范围,调查报告、模型制作、贴画制作、网页制作等都属于项目的范围。

二、反思与改革传统大学英语教学评价

当前的大学英语教学主要是以总结性评价为主,这显然已经不适应当前教学改革的需求,为了保证大学英语教学能够适应社会发展的需要,就需要采用多样化的大学英语教学评价的方法。

(一)构建多元化评价体系

就目前而言,需要实现教、学、评三位一体,建构多元化的评价手段。大学英语教学具有完整的属性,而只有将教、学、评这三者相结合,才能更好地实现这一属性。众所周知,在大学英语教学中,如果教师只采用单一的教学形式,并不从学生的实际出发,那么学生就很难获取其所需的理论和知识,也很难应对社会和国际上的挑战,从而必然导致学生的学习兴趣低下,也必然会对他们的学习成果产生影响。对大学英语教学进行评价,

能够为教师的教授与学生的学习提供一手资料,这些一手资料不仅可以帮助教师对自己的教学进行反思,还能够帮助学生逐渐形成与他人交流的意识,不断解决自己学习中的问题等。

因此,大学英语教学评价对于大学英语教学来说有着重要的保证作用。对于大学生的学习进行多角度、全方位的评价,这是大学英语教学评价的一种重要形式。无论是之前提到的教师评价、学生评价还是同学之间进行互相评价,无论评价的结果是优还是差,其评价的效果都应该说是非常显著的效果。因此,实行教、学、评三位一体,可以能够让学生更好地实现自主和自立,通过这一手段,教师能够更好地实践大学英语教学中的教学相长。

(二)构建电子化新型评价方法

随着信息技术的发展,基于信息技术的电子化评价方法已经在大学英语教学中占据了一席之地。同时,这一评价方法在大学英语教学中的优势也越来越明显。下面就具体讨论这一评价方法。

1.电子化评价的内涵

在对电子化评价展开界定之前,首先需要明确以下三个问题。

问题一:电子化评价与传统英语教学评价有什么不同?

与传统英语教学评价相比,电子化评价具有两个方面的特点。

首先,评价的方法不同,主要表现在信息收集和处理的手段不同。由于信息技术的融入,其评价的信息更具有全面性和便捷性,电子化的新型评价方法为评价活动注入了新的活力。

其次,电子化评价更具有及时性和灵活性。电子化教学系统可以根据评价结果来进行及时的更新,对教学调整也更具有灵活性。

问题二:电子化评价的理念是什么?

理念不同,其评价的出发点也不一样,从而必然会对教学评价标准的建立产生影响。基于信息技术的电子化评价是建立在建构主义理论的基础上,因此其出发点首先是学生,着重点在于过程评价和全方位评价。电子化评价的一切活动都是围绕是否有利于促进学生发展这一问题展开的。简单来说,其评价的理念就是以学生为中心,这是该评价首先需要遵循的原则。

问题三:在大学英语教学评价中,信息技术发挥到何种程度的作用才能被称为电子化评价?

当前,开设信息技术教学平台一般不包含教学评价这一层面,而教学评价仍旧由教师来进行,这一点与传统英语教学评价并没有多大区别,就导致信息技术在大学英语教学评价中并没有发挥充分的作用,因此也就不能算是基于信息技术教学的有效评价。一般情况下,理想状态下的电子评价应该以计算机、网络作为支撑,其信息处理与收集等环节都应该由计算机完成。但是就当前的电子化评价来说仍旧以教师为主体,因此只能看作是电子化评价的初级阶段,这是立足于现实来说的。随着需求的增长以及大学英语教学的发展,基于信息技术的大学英语电子化评价已经是教学评价的必然趋势。

综上所述,基于信息技术的大学英语教学的实际情况,这里将电子化评价定义为:以计算机、网络等技术作为支撑,为了促进学生的学习,对基于信息技术的大学英语教学相关的一切要素进行收集与处理,并根据一定的教学目标、教学评价标准,对收集和处理结果进行科学评判的一项活动。

2. 电子化评价的方法

电子化评价的方法很多都与形成性评价重叠,如学生自评、同学互评、调查式评价等,因为这些也通常可以通过网络、多媒体等手段完成,除了这些形成性评价手段之外,电子化评价的一种重要方法就是作品集评价法。

(1)作品集评价法的意义

作品集评价法对于教师和学生而言有着重大意义。

首先,使用作品集评价法,学生的学习态度、学习过程、进步程度、学习深度与广度都能够体现出来,这在标准化笔试中是很难体现出来的。通过对参与评价内容、评价目标的确定,学生对自己的学习任务有一个清晰的把握,就更能督促自己全心全意地完成学习任务,为自己的学习目标努力。作品集评价法有助于调动学生的积极性和主动性,督促自己对自己的学习负责,更好地实现自主学习。

其次,作品集评价法有利于教师对教学任务有一个更好的设计和控制,从而创造出更好的学习气氛。这是因为,教师扫除了自身标准化评价的压力,将更多的注意力集中于教学活动的设计和教学气氛的营造上,有助于培养优秀的、学生喜欢的课堂环境。

(2)作品集评价法的特点

作品集评价法实际也属于一种形成性评价,即教师与学生对学生一段时间内按照教师和自己的要求。完成一系列有序、系统的工作,以学习日记、研究报告、测试等为基础,对学生这一段时间所付出的努力、学习的态度、学习的方法、收获的成果进行评价。从评价的依据、目的来说,这一评价方法是一个可靠的、真实的、全面的方法,作品集评价法特点如下所述。

其一,以目标为基础,是学生学习愿望与学习进展情况的反映。

其二,是学生学习项目、代表作品、学习情况、测试记录的汇集。

其三,是学生进步的证明。

其四,跨越一个教学时段。

其五,便于反思与反馈,有利于提升与改善学生的学习水平。

其六,用途广泛且灵活多变。

(3)作品集评价法的步骤

对于大学英语教学而言,作品集评价法可以帮助当前的大学英语教学评价走出困境,与其称其为一种方法,更不如称之为一种新思路、新观念。那么在大学英语教学中如何实施作品集评价法呢?笔者认为可以从学期开始、学期中间、学期结束三个角度来考虑,其中包含多个步骤。

其一,学期开始,确定作品集内容;确定作品形式;确定评价的标准;确定时间计划。

其二,学期中间,学生按照计划完成学习任务;教师对学生予以指导;教师与学生进行面谈。

其三,学期结束,教师将电子评价表发给学生,让学生进行自评;交换作品集,学生间进行互评;教师对作品集进行终评。

综上所述,作品集评价法是一个人性化、用途广泛的评价方法,符合以学生为中心的理念,适用于学生英语学习的各个阶段,也是电子化评价的重要方法。

第三节 积极开展形成性评价

英语形成性评价标准就是以学生的多层面发展作为着眼点建立起来的。在英语教学活动中,教学评价是不可或缺的一部分。为了对英语教学进行衡量,判定其是否达到既定的教学目标,进行形成性教学评价是必然原则,其对于教学活动有着巨大的导向作用。本节就来重点分析和研究英语形成性教学评价。

一、形成性评价的定义

所谓形成性评价,指的是在教学活动过程中,为了提升评价活动本身效果,对活动过程进行调节,使教学目标得以实现的一种评价。形成性评价一般是在教学过程中进行,主要是为了对教学过程进行指导,保证教学过程的顺利进行,而对学生在学习过程中的进步情况、学习活动情况、反思情况等进行评价。

一般来说,形成性评价并不是为了对优秀学生进行选拔而评价的,而是为了将每一位学生的潜能挖掘出来,促进学生的学习,并为教师提供每一位学生的反馈和建议。可以看出,这是一个双向性的活动,可以将学生的真实行为表现引发出来。此外,形成性评价对学生的日常表现是非常重视的,其能够从这些日常信息中对学生的基本需要和情况进行收集,从而有助于教师调整自己的教学方法和内容,最终提升教学的效果。

二、形成性评价的特点与功能

(一)形成性评价的特点

具体而言,形成性评价具有以下几个典型特点。

1. 人文性

形成性评价是以学生为中心,将学生的发展作为评价的导向。学生需要什么,这是教育家们应该关心的问题,因此一切教育活动都应该建立在学生需求的基础上。

形成性评价不仅仅关注的是学生的语言知识与语言技能，还注重学生的个性发展、学习策略的使用、学习态度与学习动机等。形成性评价的反馈往往是诊断性质的反馈，其主要目的是促进学生的发展，而不是依靠成绩来挫败学生的积极性，这种诊断性质的反馈可以帮助学生对他们想要达到的目标和当前的差距有一个清晰的认知，从而引导他们不断调整自己的学习，形成性评价对学生的个性差异是非常尊重的，强调将学生的闪光点发挥出来，让学生认识到自己的潜能和优势，对自己充满信心。在进行评价时，学生也对自己的纵向发展有一个充分的考虑，清楚地认识到自己在原有的基础上不断在进步，从而体会到成功的喜悦。同时，教师也能够根据评价的结果，为学生提出适合其发展的针对性建议，为他们构建一个有个性、有特色的空间。

总之，形成性评价凸显学生的主体地位，将教师评价、学生评价、同学互评等进行合理的结合。在评价过程中，教师、学生、其他同伴之间构建了一种民主、自由、和谐的氛围，注重人与人之间的交流与合作，对参评者的意见也非常重视，并愿意通过对话、协商的方式来得出最终的结果。

2. 多元性

形成性评价的多元性主要表现在评价主体、评价内容、评价手段等层面。

（1）在评价主体上

其改变了单一的以教师为主体的评价方式，实现教师评价、学生评价、同伴评价等结合的形式，使学生从被动的被评价者变成主动的参加者。

（2）在评价内容上

其不仅评价的是学生的基础知识、技能等，还评价了学生的学习态度、学习兴趣、学习策略等层面。

（3）在评价手段上

其实现了多样化，将定量评价与定性评价相结合，实行学生自评、同学互评、成长记录袋、观察法、调查问卷等多种评价方式。

3. 真实性

在形成性评价中，与学生相关的任何信息都会很好地被记录，成长记录袋、自评表等都可以对其进行记录。同时，形成性评价还要求对学生在日常生活中解决问题的能力进行评价,且评价的问题一定要有情境性和真实性,便于学生逐步形成对现实生活的感悟和创造。与其他评价方式相比,形成性评价具有明显的真实性,且评价质量也更高。此外,形成性评价也强调评价要实现与课程和教学的统一性,其不仅可以用于对课程、教学展开评价,还要与具体的实际紧密结合。为了能够给学生的进一步发展提供更为有利的反馈和意见,形成性评价测量的信息往往是那些不容易被测量出来的。

4. 发展性

形成性评价在日常教育教学整个活动中都得以贯穿,其对学生的学习和成长过程十分关注,强调从每一位学生固有的知识水平出发,面向学生的发展情况,对发展性的评价目标进行确立。形成性评价并不是以某一次表现、某一项作业、某一次考试对学生进行评价,其强调将学生每一次进步的资料收集起来,对这些资料展开分析和研究,从而形成一个对学生发展变化的认识,使教师和学生都能够及时把握他们的发展状态,看到自己的潜能和进步,从而不断认识和发展自我。另外,形成性评价给予的反馈还能提醒教师运用发展的眼光来看待学生,对学生的努力程度也给予较大的关注。教师要尊重不同学生的个性差异,根据不同学生的特征和背景特点,对每一位学生的发展潜力进行正确的判断,为学生提出合理化的建议,给予正确的指导。

综合来说,形成性评价是全方位的,使用的方法也具有多样性,因此对学生的评价也比较客观和准确。最重要的一点是,形成性评价能够使学生从被动变成主动,从强迫性的学习变成有兴趣的学习,从死记硬背的学习变成愉快轻松的学习。这对学生来说无疑是非常有益的,能够调动学生的积极性和主动性,从而不断提升学生的智力水平、学习效率和身心发展。

(二)形成性评价的功能

形成性评价用途非常广泛,使用该评价方法的可以是教材的编纂者,可以是校长或教育行政人员,也可以是教师或者学生。由于教师和学生是英语教学活动的主要参加者,因此形成性评价对于教师和学生的功能最为广泛。

1.从教师角度来说

形成性评价的功能主要表现为以下两点。

其一,教师使用形成性评价的目的主要是对教学反馈信息进行获取,从而进一步改进教学质量和效果。

其二,教师采用形成性评价的目的在于对学习质量的控制。例如,通过采用形成性评价,教师可以对下一阶段教学做一个规划,同时还能够与上次的结果进行比较,从而更好地了解学生的发展情况。

2.从学生角度来说

形成性评价能够为学生学习每个单元的内容时及各种行为提供帮助。因此,形成性评价对学生主要有以下两个层面的意义。

其一,形成性评价能够帮助学生改进学习,如对每个单元进行第一次形成性评价时,如果他们没有达到教师的预期,那么学生就需要不断培养自己解决各种问题的思维方式。通过不断改正,使得学习有障碍的学生不断提高认知水平和掌握所学内容。

其二,形成性评价可以为学生对起点进行确定。由于学生的教材都是按照由浅入深、循序渐进安排的,各个单元的内容都存在着逻辑关系,因此学生学好一个单元的内容是学好其他单元内容的关键。而这种前提存在与否的确定必须建立在形成性评价的基础之上。

三、形成性评价的形式

(一)学生自评

在形成性评价中,学生自我评价是一个重要的方法,体现了以学生为中心。通过学生自评,不仅学生能够发现自己学习中的问题,并寻找改进措施,而且教师也可以了解他们的学习态度和成果。自我评价的内容包含学习过程、学习态度、学习手段、努力程度、学习优缺点、学习结果等。在自我评价中,教师需要做到两点:首先,根据评价目的制订自我评价表,引导学生进行自我评价;其次,与学生讨论自我评价的结果和过程,了解学生的学习态度。[①] 自我评价法往往采用自评表和自我学习监控表两种工具。

1.自评表

自评表对于教学评价的效率来说至关重要,而且操作起来也非常省时、方便。一般而言,教师可以选择在课堂结束之后发给学生,让学生对自己本堂课的学习进行自评。

2.自我学习监控表

自我学习监控表是对学生学习过程进行监控的表格,在英语教学评价中有着十分重要的作用。具体分为如下几个步骤和注意事项。

步骤一:使用该表前,教师需要向学生介绍该表的用途和操作方式,便于学生认识和使用。

步骤二:在新单元学习之前,教师可以让学生从自己的实际情况出发,提前制订一个理想的目标,然后在活动栏中写上自己的预期任务。在之后的学习过程中,学生可以根据这些任务和目标监控自己的学习进度。

注意事项:尽管在使用学习监控表时,完成预期目标和任务是学生的事情,但是教师也需要参与其中,需要时刻提醒学生对自己的目标和任务进行检查,为他们调整下一次的目标和任务给予指导意见。

(二)同学互评

同学互评这一评价方式主要是通过学生之间的了解、合作和沟通来实现的。因此,在同学互评中,沟通和合作技能是非常重要的两个因素。这是因为不同学生其沟通能力与合作态度存在差异,再加上同学之间的信任程度也不同,因此进行同学互评还是需要一定的时间培养的。在首次同学互评时,教师可以采取一定的办法辅助执行。

同学互评需要遵循一定的原则。例如,在谈论自己的观点和发表评论时,学生不能进行主观臆断,应该有理有据。因此,教师可以同时让几

---

① 黄燕鹂.“互联网＋”背景下大学英语教学体系的反思与重建[M].成都:电子科技大学出版社,2018.

个学生来评价一个学生,每个评价者都需要根据客观事实来写评语,且评语的重点应放在被评价者的优点和改进意见上。

(三)成长记录袋

成长记录袋是个人在以往自己的社会实践中形成的完整的、确定的、清晰的信息记录形式。随着一个人的成长,记录袋的内容也会不断发生改变。也就是说,成长记录袋是见证个人成长的一种重要工具。在英语教学评价中,成长记录袋也发挥着重要功效,是一个记录学生成长、课堂变化的工具,成长记录袋往往具有不确定性,因为记录内容会随着学生学习情况的改变而发生变化。这些记录材料不仅仅记录了学生的进步,还记录了学生的退步、成长以及学习过程。在这一评价中学生处于中心地位,是积极的策划者和参与者,而教师主要起指导作用。一般来讲,成长记录袋包含以下几个层面的内容。

(1)对学生入学情况的记录。

(2)对学生日常学习表现的记录,如回答问题情况、注意力集中情况,这与观察法有着相交的地方。

(3)对平时作业的评定记录。

(4)教师、家长对学生行为的评语。

(5)平时与期中、期末测试的成绩记录。

(6)同学互评中,其他同学给予的建议。

(四)专门调查法

专门调查法也是形成性评价的一种手段,其主要是为了调查学生的学习行为,学习活动、学习兴趣等,也是一种有效的收集数据的方法。但是专门调查法一般具有针对性,其主要采取的评价工具有调查问卷和访谈或座谈。调查问卷是向学生提出一系列的问题或情境,要求学生回答问题,从而获取信息的评价手段。访谈或座谈是教师通过与学生进行面对面交谈来获取信息的评价手段。

(五)观察法

观察法是形成性评价的一种重要方法。所谓观察法,是指通过有计划、有目的的观察来评定和记录学生日常学习中的表现,并对学生这一表现进行评价的方法。一般来说,观察的项目有很多,可以预先设定在表格中,也可以随着课堂的进行来摘取。同时,也可以将观察表格与成长记录袋放在一起,便于学生对自己的进步和平时情况有一个随时的了解。

(六)学习日志

学习日志和众所周知的学习日记不同,指的是学生学习过程的档案记录,其主要是对学生学习行为的记录。学习日志可以根据教师的模板制订,也可以自己制订,但是其记录的过程都是需要学生自己来完成。

参考文献

[1]陈亚轩.基于微课的大学英语翻转课堂教学与自主学习研究[M].北京:中国原子能出版社,2020.

[2]成畅.大学英语教学与课程建设新探索[M].长春:吉林人民出版社,2021.

[3]崇斌,田忠山.新时期大学英语教学研究[M].成都:电子科技大学出版社,2017.

[4]崔文静.大学英语教育生态系统研究及对策[M].长春:吉林人民出版社,2023.

[5]大学英语教学改革研究[M].青岛:中国海洋大学出版社,2023.

[6]丁煜.大学英语教学多维探究[M].武汉:华中科技大学出版社,2021.

[7]宫玉娟.大学英语教学模式改革创新研究[M].长春:吉林出版集团股份有限公司,2018.

[8]胡敏,蒋甜甜,李瑶.大学英语翻译教程[M].长春:吉林人民出版社,2021.

[9]滑少枫.大学英语个性化教学的策略分析与系统设计[M].西安:西北工业大学出版社,2020.

[10]霍瑛.多元文化视域下的大学英语教学[M].长春:吉林人民出版社,2021.

[11]李红霞.大学英语教学研究[M].天津市:天津科学技术出版社,2017.

[12]李俊梅.智能手机与大学英语学习[M].武汉:武汉大学出版社,2023.

[13]李咏梅,黄勇.大学英语人文教育综合教程[M].西安:西北大学出版社,2019.

[14]蔺蕴洲,史雨红.大学英语文化教学理论阐释及创新视角研究[M].长春:吉林大学出版社,2020.

[15]孟坤,侯祥瑞,刘淑容.大学英语教学与隐喻意识培养研究[M].成都:电子科技大学出版社,2017.

[16]莫振银.隐喻理论视阈下大学英语教学与学生隐喻能力培养[M].北京:北京工业大学出版社,2020.

[17]彭莉.大学英语课堂教学与优化策略研究[M].北京:北京工业大学出版社,2023.

[18]钱满秋.现阶段大学英语教学改革研究[M].北京:北京理工大学出版社,2017.

[19]秦元刚,姚文彬,任豫萱.教学改革情境下大学英语教学设计与实施[M].成都:电子科技大学出版社,2018.

[20]苏超华.新时代大学英语智慧教学论[M].长春:吉林人民出版社,2019.

[21]谭竹修.多元文化教育视域下大学英语教学理论探索[M].天津:天津科学技术出版社,2018.

[22]吴婷婷,宋洁,杨慧.大学英语写作教学研究[M].长春:吉林人民出版社,2021.

[23]杨昌君.大学英语基础教程[M].南京:南京大学出版社,2019.

[24]张桂菊,王瑞英.大学英语国际理解教育[M].成都:四川大学出版社,2023.

[25]周奋.大学英语课堂教学研究[M].长春:吉林人民出版社,2020.

[26]朱茜.大学英语课堂协作写作研究[M].上海:复旦大学出版社,2019.